为师生赋能

魅力校园的构建智慧

大夏书系·教育艺术

王福强 著

华东师范大学出版社
全国百佳图书出版单位

图书在版编目（CIP）数据

为师生赋能：魅力校园的构建智慧/王福强著. —上海：华东师范大学出版社，2020
ISBN 978-7-5760-0330-7

Ⅰ.①为... Ⅱ.①王... Ⅲ.①中小学—课堂教学—教案（教育） Ⅳ.①G632.421

中国版本图书馆 CIP 数据核字（2020）第 059174 号

大夏书系·教育艺术

为师生赋能：魅力校园的构建智慧

著　　者	王福强
责任编辑	卢风保
责任校对	殷艳红　杨　坤
封面设计	奇文云海·设计顾问

出版发行	华东师范大学出版社
社　　址	上海市中山北路 3663 号　邮编　200062
网　　址	www.ecnupress.com.cn
电　　话	021-60821666　行政传真　021-62572105
客服电话	021-62865537
邮购电话	021-62869887　地址　上海市中山北路 3663 号华东师范大学校内先锋路口
网　　店	http://hdsdcbs.tmall.com

印 刷 者	北京密兴印刷有限公司
开　　本	700×1000　16 开
插　　页	1
印　　张	14.5
字　　数	208 千字
版　　次	2020 年 6 月第一版
印　　次	2021 年 6 月第二次
印　　数	6 101-9 100
书　　号	ISBN 978-7-5760-0330-7
定　　价	48.00 元

出版人　王　焰

（如发现本版图书有印订质量问题，请寄回本社市场部调换或电话 021-62865537 联系）

一场教育的寻人之旅

CONTENTS 目录

序言　一个被称作学校的地方　001

第一章　寻找学校的意义

第一节　学生需要什么样的学校　003

【案例】你的画里是什么　003
沃森父子对话的启示　005
"目中无人"的学校比比皆是　008
学生喜欢是评定优质学校的最重要标准　009

第二节　学校的第一要务是什么　012

【案例】"寄生虫"与苦恼的妈妈　012
"巨婴"是怎么养成的　014
先成人，后成才　015
"丛林法则"带来的恶果　018

第三节　学校的价值如何选择　022

【案例】"一个都不能少"的开学典礼　022
"学生成长"先于"学校发展"　023
何为基础教育的"基础"　025
人是教育的终极目的　027

第四节　学校的信仰如何定位　030

【案例】"诚信考试"面临的挑战　030
相信是最大的师德　031
教育要让社会变得更好　034
寻找每个人的天赋　037

第二章 发现教师的价值

第一节
没有教师的幸福，就没有学校的未来
043

【案例】一个优秀教师的巡回报告 043
让教师远离"被幸福" 044
评价教师要多一点温度 046
要做教师心灵的守护者 050

第二节
教师是"人"，而非工具
053

【案例】不肯站在"大局"的高度看问题的老师 053
沦为"工具"的教师 054
还教师精神的自由 056
强化"教师第一"的管理理念 060

第三节
教师是学校变革的"最大变量"
064

【案例】一个老师的"蜕变" 064
给合适的人提供合适的岗位 066
每个人都成为培训资源的提供者 069
给教师搭建分数之外的"T台" 072

第四节
让每一位教师成为课程
075

【案例】被表彰的"捶背"事件 075
人格课程的最佳表现方式 076
推广"我，就是教育"的文化 078
发现学校中默默无闻的人 081

第三章　唤醒学生的灵魂

第一节
身心健康放在第一位
087

【案例】如此悲催的课间　087
别让整个民族晕倒　088
"空心病"离我们的孩子有多远　090
由"消极矫治"转向"积极建设"　093

第二节
寻　找学生成长的秘密
096

【案例】一个另类家长的"遭遇"　096
尊重成长规律才能真正"目中有人"　097
培养孩子的生活能力　100
让学生做更好的自己　104

第三节
没有自我管理，教育就不会发生
109

【案例】一年级的"自我管理"　109
学生的自觉性决定着一所学校的高度　111
搭建学生自主管理的平台　113
我的大门随时开，欢迎大家走进来　117

第四节
听到每一个孩子的梦想
120

【案例】二十五年前的梦想　120
留给学生"做梦"的空间　121
要摆脱"过度现实"的教育　124
给学生更多的选择权　126

第四章　提升课堂的力量

第一节
为学生的
二十年后而教
131

【案例】一场关于"有用"和"无用"的辩论　131
有滋有味儿的"无用"更让人受益终生　132
为学生的未来而教：培养学生的关键技能　134
教什么比怎么教更重要　138

第二节
教学管理的
真实属性
140

【案例】取消公开排名带来的困惑　140
学生不是成绩册上的一个符号　141
"绿色升学率"带来的思考　143
让课堂"安全"起来　145

第三节
课堂教学之辩
149

【案例】一个教研员的"自白"　149
一份流产的高效课堂评价表　150
公开课要立足于提供研究的样本　153
不要过度模式化　155

第四节
看得到人的课堂
158

【案例】一次课堂教学的探讨　158
不仅"心中有案",更要"目中有人"　159
"备学生"才不会"对牛弹琴"　160
让课堂评价语言靠"人"近一些　163

第五章　重构学校的文化

第一节
让文化成为
一种力量
169

【案例】一所校园文化"名校"的诞生　169
日益庸俗化的学校文化　170
建立以人为中心的共同价值观　172
不能丢掉教育自信　175

第二节
废　弃
基于害怕的管理
178

【案例】一封被怼怼的关于"体罚"的信件　178
赋予"安全校园"更丰富的内涵　181
让"舒展"成为学校的一个关键词　183
故事：让教育温暖起来　186

第三节
向前再走一步
就是创新
189

【案例】一次特殊的"班级管理现场会"　189
把每一件小事都做出教育的味道　190
让系统思考成为所有人的工作方式　194
创造真正有"仪式感"的仪式　197

第四节
建设学校
良好的文化生态
201

【案例】你是"差生"，我不跟你玩　201
好学校是一方池塘　202
生态构建从改变人的形象做起　206
"我"是即将到来的日子　209

PREFACE
序言

一个被称作学校的地方

你喜欢你的学校吗？每看到一个孩子，我都有一问究竟的冲动。在我的认识中，学生是否喜欢是衡量一所学校优劣的最重要尺度。没有人可以远离学校，也没有人能够完全不受学校教育的影响，学校生活总是以这样那样的形态成为人生命中的永恒。但我内心最大的不安是，我们的教育并没有跟上时代发展的步伐，相反，泛滥于学校中的问题却日益尖锐、积重难返，严重点说，不少学校正在"认认真真""兢兢业业"地毁掉无数孩子的前途和幸福。

在这本书里，我想与大家一起探讨学校究竟具有什么样的价值，一个人未来的生活与他曾经的校园经历有什么样的关系，学校如何为每一名师生赋能，促成一个人发展的底座是什么，等等。我想告诉大家：即使现行的教育体制短期内不会发生质的变化，但有远见的校长和老师仍有巨大的操作空间，去探索并创造更有利于学生发展的教育生态。面对必然发生的学校变革，我们不能坐等，而要积极行动。当年，安徽凤阳小岗村那18位农民以"托孤"的方式立下生死状，在土地承包责任书上按下红手印，拉开了中国农村改革的序幕。我相信，我们面临的这场教育变革也可以自下而上，靠基层学校的主动求变，"倒逼"教育体制与社会生态环境的变革，从而推动整个教育系统运动轨道的扭转。当越来越多的人亮出鲜明的旗帜,去建设更符合教育规律的学校时,我们的教育会越来越充满希望。

我们的学校是这样的吗

某一年,我到河北某地筹办一所十二年一贯制学校,与区委书记见面,他说:学校办成什么样,其实早就有了标准答案,就是向"某某名校"学习。

我当然知道领导口中的"某某名校"。这所学校以高考成绩惊人而闻名全国,学校大门外,巨幅状元画像沿街一字排开,吸引着众人的眼球。"成功"的背后当然是宝贵的"经验","某某名校"模式应运而生,风靡全国。大家纷至沓来,急于取得真经。你的学生怎么跑操我就怎么跑操,你的时间控制到每一分钟我就控制到每一分钟,你强调"丛林法则",我就变本加厉。于是,一套"工业化流水线"式的人才培养模式应运而生,成为人们争相效仿、趋之若鹜的榜样。

这样一所"全国知名学校",被领导向往,可以理解。

我当即表态:"某某名校"有它的优势,但我不主张完全照搬。首先,仅凭高考升学数据并不能完全证明一所学校的成功,还要洞察它背后牺牲的东西。况且,即使认定它是成功的,"拿来主义"也可能水土不服。我们可以办出优质的学校,但我希望,这个"优质",有我们自己的理解和判断。

可以说,中国大部分学校是"墙头草"式的,"跟风现象"严重。今天这个学校火了,人们一窝蜂去考察、学习,明天那个学校出名了,大家又"喜新厌旧",朝着新的榜样奔去。什么样的风来了,就倒向什么方向,你方唱罢我登台,红红火火,一片虚假繁荣……

缺乏独立判断和思考,一味盲从,让中国的学校同质化严重:面目模糊、枯槁苍白、孱弱无力。

我们的学校学生怎么看

什么样的学校是好学校?不同的人会有不同的理解。但我坚定地认为,学生视角是一条绝不能忽略的标准。

前两年,网上有一个段子,说学校的职责是"你想干嘛它就不让你干嘛"。虽是调侃之语,但折射出的并非少数学生的心声。当一所学校给学生留下如此印象,难免会遭到学生的排斥与抵触,我们固然可以凭权威来压制学生的负面情绪,或者学生因为顾忌自己的前途命运而只得忍气吞声、不敢造次,但这表面上的风平浪静能让我们心安理得吗?

我一直主张从学生视角判断学校的成功与否,最为简单的标准是:学生每天是否愿意开开心心地到学校来?有一天毕业离开了,他是否怀念自己的母校并乐意"常回家看看"?他生活在这个世界上,言行举止是否印上了母校的"标识码"?如果一所学校空有骄人的高考数字,却没有真正被学生接纳和热爱,算得上成功吗?

关键的问题在于,一所学校是不是真的有勇气来听一听学生的心声?我到过一所名校,一路参观,颇觉压抑。楼道口、走廊中、院区里,到处分布着臂戴红袖章的"纠察队",他们趾高气扬,严格执法,凡是不按规定路线走路的,在楼道里说话音量偏大的,有奔跑、打闹现象的,一律视为"违纪",要记录在册。校长颇为得意,这是"自主管理"的显著成效。的确,乍看起来,一切井然有序。但仔细琢磨,又有些怪异:好学校首先是有"人"存在的学校,但这所学校的"人"在哪里?人真诚干净的眼神在哪里?人明媚自然的笑容在哪里?人勇敢积极的状态在哪里?人温暖纯正的心灵在哪里?好学校的"好"是孩子生命状态的纯真与自然,是孩子精神世界的饱满与富足,是孩子行为举止的自然与端庄。而在这所学校,目之所及的"规范""顺畅"背后,却是简单、粗暴地逼人就范的"野蛮"。在我看来,这种"人盯人"的控制并不是教育,这样高压下的"低眉顺眼"更算不上教育的成效,而是对人性的扭曲与摧残。

如果学校有胆量,给学生一次民主发表意见的机会,对遍布校园的"纠察队"和一双双监视自己的"眼睛",到底是支持的人多,还是反对的人多呢?

我们的学校出了什么问题

我经常被问到一个问题:学校教育到底哪里出了问题?如果你去主掌一所学校,你的学校会有哪些与众不同?

我们都知道南辕北辙的故事,方向错了,跑得越快,越会偏离目的地。无数经验教训也告诉我们,方向比努力更重要。今天的教育,从政府官员、校长、老师到家长、学生,不可谓不辛苦、不努力,但出现的问题却越来越多,国家不满意,教育者不满意,老百姓也不满意。问题就在于,方向出了问题,我们"辛勤"地构筑着一个病态的教育系统。

在我们的生活中,流行着这样一个话语体系:你要好好读幼儿园,学更多的知识,掌握更多的技能,这样你才能去读重点小学;你要好好读小学,努力提高成绩,这样你才能读重点初中;你要继续好好学习,吃更多的苦,这样你才能考上重点高中、重点大学;读了重点大学,你才能找到好的工作,开始好的人生……这样的逻辑体系,就像一个美丽的传说,从老师、家长口中活灵活现地表达出来,成为颠扑不破的真理。太多的人对此深信不疑,他们急于把这种逻辑灌输到孩子的头脑中,以期待他们依此行事。

我认为,这恰恰是教育出现问题的根源。建立在这样一套逻辑上的教育系统,本身存在着致命的缺陷。无论我们的课程改革进行了多少轮次,各个学科的教学纲要怎样修改、补充、完善,也难以撼动这个体系的根本,因此也就很难奏效。

显然，这套逻辑过分强调了智力在人生中的重要性，其潜在含义是：只要你的智力水平得到了大幅提高，你的美满人生就有了基础，而智力水平提升的基本表现就是你各类考试的成绩出色；反之，如果你拿不到"高分"，对不起，你只能是个失败者，体面的社会地位，令人艳羡的职业，足够骄傲的收入，也就注定与你无缘了。

这种说法貌似"有理"：现有的高考体制不就指向这样一个结论吗？但冷静下来，并不难发现这个逻辑中的漏洞：一方面，人的智力存在先天差异，永远不能做到所有人都取得好的成绩；另一方面，优质教育资源的数量有限，即使再努力，能过"独木桥"的永远是少数人。况且，学校教育绝非只有"智力"的培育，而是着眼于"完整的人"的培养。唯有完整的人，才能更好地面对未来的工作与生活。如果我们坚持以上述逻辑来设计学校教育的系统，导致的结局就显而易见了：

学校成为了按照"智力"标准去打造学生的流水线，一套模子，一把尺子，在让一小部分人受益的同时，将付出更多的人被淘汰的巨大代价。这样的学校中，鲜活的"人"不见了，学生只是"产品"，教师是制造产品的"工具"。从学校这个"工厂"走出来的，当然有优质品、合格品，但必然出现大批量的"次品"和"副产品"，他们的未来在哪里？

更糟糕的是，即使我们眼中优秀的学生，如果他们仅限于"智力"层面的高水平，甚至降格为"考试"层面的"高分数"，面对汹涌而至的人工智能时代，面对"已来"的未来，他们虽然在流水线上经历了"千锤百炼"，以"优质产品"的面貌走上了社会，成为所谓的"精英"，谁敢保证，他们不会陷入精致的平庸，甚至沦为新时代的"废品"，最终百无一用呢？

一起加入这场寻人之旅吧

并非所有人都无法洞察时代不可逆转的脚步，也并非所有人都不知道学校教育面临的巨大挑战，但因循守旧的惰性以及规避所谓"风险"的理性，让更多的学校管理者选择视而不见地"装睡"，如同英国谚语"房间里的大象"所喻，面对触目惊心的不堪事实，却集体明目张胆地忽略、沉默，找出无数冠冕堂皇的借口来墨守成规，推脱可能的变革。

的确，上级教育行政部门评价体制调整的迟缓，社会对学校成果的认定习惯，家长对学校各种"风吹草动"的敏感、质疑、干预，师资队伍自身转型的艰难等，都会成为制约学校变化的阻力。但不可否认，教育正处在急速转型的关键期，如果我们为了维护排行榜上那骄人的"业绩"，甘做旧有学校系统的"卫道士"，我们将注定成为教育的"罪人"、孩子们的"罪人"，这绝非危言耸听。

《让学校重生》一书中有这样一段话：

如果你是一位教师，对你的学生来说，"你"就是系统；如果你是一名校长，对你管理的学校来说，"你"就是系统；如果你是政策制定者，对于所属区域的学校来说，"你"就是系统。

现实并不像人们刻意夸大的那样"逼仄"，不同位置的人都有充分的变革空间，而每一项来自系统内部的创新和改变，都可能影响到整个教育生态的改善。如果每个人都在自己的领地尝试着种下一棵树，那么，一排树、一片森林的诞生，一方环境甚至气候的改善，就会最大限度地接近可能。

我们每个人都是无数因果链条上的一环，尽管每个人所决定的只能是自己所能决定的，但这并不意味着个人是完全被动的。人是有自由意志的，这意味着我们可以有自己的选择，也应该为自己的选择承担责任，因为我们不仅仅是上一层因果关系的终点，也是下一层因果关系的起点。

我写这样一本书，就是希望引发更多的人去思考：未来的学校，究竟会变成什么样子？作为有精神生命存在的人，他的灵魂、他的思维该得到怎样的养育？作为有肉体生命存在的人，他的身体该在怎样的呵护与理解中健康发育？作为时间单位的人，每一分每一秒的校园生活将给予怎样的塑造与完善？希望更多的同行者，致力于学校建设与时代韵律相契合，让校园高扬起"人"的旗帜，改变被"成功学"戕害的教育生态，扭转赤裸裸地崇尚"丛林法则"的学校文化，调整以剥夺学生思想和行动上的自由来"制作"学生的"一刀切"的所谓"人才培养模式"，改善因过度学习、机械学习、负担过重导致的厌倦学习、仇恨知识，以及求知欲、想象力、创造力大面积丧失的教育局面，让学校成为流行尊重、信任文化，师生关系良好的地方，成为学生认识自我、完善自我并为将来实现自我做好准备的地方，成为师生人格升华、生命变得更有价值的地方。

如果十年以后，我仍有勇气重读这些文章，我希望至少不会背叛以下文字：我仍是一个诚实的作者，真情用笔，记下我与教育、与学校的相濡以沫，或许我不能道破所有的真相，但我用心记下的每一个文字都不是虚妄与违心的；我仍然是一个敢于放弃"过去"的好奇者，这个时代的非线性发展，正让过往的许多经验变成"障碍"，能力被重新定义，模式沦为桎梏，我会保持归零的心态，重新认识学校，读懂学校。

我希望自己真正领悟到：人是什么；学校如何为人"赋能"；未来，人如何获得自由。萨特说："作为一个人，我根本没有预先被决定的本性。我的本性，要通过我选择去做什么来创造。"今天，年逾五十的我，痴迷于人的成长，我希望通过我的创造帮助师生去选择。我希望自己永远拥有"在"的勇气，无论教育风云如何变化，我会因热爱而存在。作为这个时代教育的记录者与参与者，我希望自己永远在现场。我希望仍能与喜欢这本书的读者，与你们在一起。我们并非须臾不分，更非对所有的事物保持一致的立场，但我们会一直努力追寻"人"在学校、在教育中的存在。

人是教育的出发点与归宿。我将在这本书中，从"人"这个视角，多维度呈现我们的思考和实践案例。我期待，读到这本书的人，能和我们一起加入这场寻"人"之旅，去建设更多让"学生站在中央"的学校，创造更多能够发现每个人天赋的新型教育。期待与你并肩同行！

我们仰望星空，也终将被星空仰望。

王福强
2020 年 3 月 18 日于河北廊坊

第一章
寻找学校的意义

> 让每一个学生在学校里抬起头来走路。
>
> ——苏霍姆林斯基

第一节
学生需要什么样的学校

> **案例**
>
> 你的画里是什么
>
> 2013年暑假，我给河北某市校长培训提高班讲课。六十余名校长来自不同层次的学校，大多有几年甚至十几年的管理经验。
>
> 培训开始，我发给每人一张纸，让大家画出心目中理想的学校。
>
> 十分钟之后，我鼓励校长们到台前展示作品，陈述理由。校长们的口才都非常了得，站到台上，侃侃而谈：
>
> 有的说，自己理想中的学校要有漂亮的校舍，成为城市的地标性建筑。画面上是漂亮的楼宇，宏伟的校门……
>
> 有的说，自己理想中的学校是中西文化结合的典范，体现"现代化、国际化"。画面上更多的是西方文化的元素……
>
> 有的说，自己理想中的学校应该是个美丽的花园，自然与和谐要成为学校的特征。画面上是无处不在的花花草草，摇曳着无限的生机……
>
> 有的说，自己理想中的学校是个知识的殿堂，是一所"建在图书馆里的学校"。画面上最显著的就是遍布学校的图书角、阅览区……
>
> 有的说，自己理想中的学校要能跟上时代的步伐，因此，画面中出

现最多的是创客教室、3D打印机、机器人，以及光怪陆离、琳琅满目的科技产品……

上台的校长们表现出足够的热情与自信，他们的阐述也得到同行们的极大认可。我一直微笑着，不做评论。大约七八个人发言之后，全场安静下来了，我目视大家，转向了我希望的话题方向：

"作品中画到'人'的校长，请举手！"

大家陆陆续续举起手来，大约二十多人，占了整个会场的三分之一多一点。

"好，如果您的画里只有老师、家长或其他人，但是没有学生，请放下手！"

很快，有十几个人把手放下了。我认真数了一遍，说："只剩下了七个人。现在，请在小学工作的校长放下手！"

这下画面简单了，只有一位女校长还举着手。她自我介绍，她来自一所乡镇初中。

活动至此，我的意图已露出端倪。全场陷入了沉默，这样一个统计结果显然触动了大家的内心。

我总结道："拥有不同的视角，自然对'学校'有不同的解读，但是，无论我们希望赋予学校多少使命，都没有理由忽视'孩子应该站在学校正中央'这一基本原则。评价一所学校是否优秀，仅有'高楼大厦''现代化的设施设备''高升学率''领导高满意度''蜂拥而至的参观者'远远不够，老师与孩子是否快乐，是否能健康成长才是更为重要的判定指标。如果一个校长，在构想自己心目中理想学校的时候，第一时间想到的并不是校园中的'人'，这一定是不正常的。我们的小实验，恰恰反映了中国教育的现状，那就是整体来看，我们是'目中无人'的。学校教育中存在的种种病症，或许都能从这里找到根源。"

沃森父子对话的启示

美国著名的 IBM 电脑公司的创始人老沃森和他的儿子小沃森曾经有过这样一段对话：

小沃森："爸爸，你明知道我不是一块读书的料，学习成绩那么糟糕，你为什么还一直都不让我离开学校呢？"

老沃森："知子莫若父，我怎么能不知道你在学校里的一切呢？但是，我绝不能让你在年纪轻轻的时候，心灵还没有完全经过学校环境的熏陶和洗礼，就放任自流地把你放飞到毫无约束力可言的社会上去闯荡。我要的不是你的成绩，而是你那颗充满活力、激情和进取精神的心，只有这样，你才能在未来的岁月里成为一个有价值、能经得住各种挑战的人！"

这段对话很有意味。老沃森虽然一生都没接受过正规的教育，但他却是一个能深刻理解学校价值和意义的人。小沃森在学校里是出了名的调皮鬼，成绩也不怎么样，但他却是学校里最优秀的皮划艇选手，还参加过国际大赛。他的父亲利用关系让他就读于布朗大学，学业依旧不怎么样，但他却学会了驾驶飞机。爱好和兴趣，成了他年轻时自信的基石，也铸就了他从不会向困难和挫折低头的意志力……小沃森从父亲手中接过濒临倒闭的 IBM 公司后，大刀阔斧地改革了因循守旧的经营方式，终于使 IBM 公司进入世界五百强。

老沃森的做法让我们意识到：学校不单单是培养答题技工的地方，不能眼里只有学生的文化成绩，学校教育有着更高层次的意义和价值。

人们会花费漫长的十几年甚至二十几年的时间在学校中学习，但是，是否每个人都能清晰地回答以下几个问题？

一个人为什么要上学？为什么要学习各种科目？受教育是不是只是为了通过几项考试，得到一份工作？获得一份工作来维持生计是必要的，然而这就是教育的一切吗？好成绩、更"好"的学校、理想的工作、不愁吃穿的生活，这些是目的还是结果？

或许我们能毫不犹豫地给出答案：不，学校教育没有那么简单。但遗憾的是，答案或许是我们自以为都懂的常识，然而当学校这个系统真正运行起来的时候，我们却发现，大家似乎都陷入到这样一条既定的轨道中，无法挣脱出来：我们培养学生，只是为了让他们具备适应这个社会的风气与制度的能力，我们努力用模型制造一种"典型人才"——将来幸福的、安逸的成功人士，这成为我们主要关心的目标。这让我们不由自主地回到了"得高分""读好学校""找到好工作"的思维套路中，学校的内涵被严重异化，价值被大幅贬低了。于是，我们一方面抱怨着这样一个病态的系统，一方面又心安理得地成为系统的一部分，助推着系统朝错误的方向走去。

显然，活着绝不仅仅是为了谋生。否则，我们就失去了生存的价值。当一个人通过一些考试，获得学位，找到一份工作，赢得一连串的头衔，结婚，生子，拥有了优渥的生活，但猛然发现自己越活越像一部机器，冥冥之中感到自己对生命的迷茫、恐惧、焦虑，自己的头脑变得迟钝、衰竭、愚蠢，那人生又有什么意义呢？

同样，如果教育只是为了让人学会谋生，便就失去了自身的价值。我们必须知道，人是教育的目的，而非工具。学校并不是一个简单的传授知识的地方，也不仅仅是一个儿童养成所，学校担负的一个重要任务，就是促进人的全面发展，养成健全的人格，形成高尚的情操，培养人的综合素质，包括意志、心态、价值观、理想期待、创造欲、交际能力等等，这才是学校教育的真正价值。

小沃森学习成绩并不优异，但他并未因此成为一个失败者，因为父亲对教育价值的深刻认知，让他活得自由无惧，他具备了面对生命挑战的勇气和能力,这远比他学会了物理或数学更有意义。印度哲学家克里希那穆提在《一生的学习》一书中说:"教育的意义很显然就是消除外在及内在破坏人类思想、关系及爱的那份恐惧。"

显然,教育的目的不是为了培养顺应社会风气与制度的人。如果教育只满足于依靠书本掌握固有知识,用严苛的训练谋求学习成绩的所谓"优秀",将人强行置于某种固定的人生发展规划的"框框"之内,其结果,要么使一个人无法面对生活中复杂的变化与奥妙,在生活的"山重水复"间迷失,要么使一个人成为一个狡黠的能够洞察社会规则漏洞、面对苦难选择自我逃避的"精致的利己主义者"。这样的状况下,一个社会很难有进步的可能,一个人在这样的世界中很难寻找到真正的幸福。

我曾经对理想的学校有过一段表述:

理想的学校不是翻晒旧知识的打谷场,也不是制作同一型号产品的生产流水线。学校,是校长、教师与学生共同创造的一片绿地,不同潜能、不同个性的学生如同绿地上不同的花草树木,在阳光、雨露和肥沃土壤的滋养下,生机盎然地生长着,以自己的鲜活的生命和独特的个性,展现着各自的风姿。在这里,孩子们得到的是人性化的、科学的关爱和帮助,身体如同根茎,知识如同绿叶,道德如同鲜花,成功如同果实,全面地、健康地发展,既是为了奠定明天的基础,也是为了享受和感悟今天的生命和幸福。

这是一段很感性的表述,充满了理想主义色彩。这样的学校中,"人"是以鲜活的状态存在的。这样的学校中,主张观察孩子,研究孩子的倾向、性情和天赋,顺势而为,让每个人成为与众不同的最好的自己;而非强迫孩子,按照教育者理想的模式去加以塑造,从而让孩子"千篇一律"地存在于这个世界。

"目中无人"的学校比比皆是

八九年前,西安市某小学采取了一项管理措施,给表现差的学生佩戴绿领巾,表现好的学生佩戴红领巾,并且上学、放学都不能解开,不然就在班上点名批评。这件事引发了极大争议,不少家长表示:"绿领巾是很傻很邪恶的教育暴力","小学生戴绿领巾比抽教鞭还恶毒","绿领巾是'象形之刑'"。这种带有鲜明特征的惩戒型教育,不能不让人联想到《水浒》中宋江的"面上刺字"。

或许有人说校方的初衷是好的,但将心比心,一个戴着"差生"标记的小学生,混杂在一群戴着"良民"标记的同学中,整日承受着老师、学生异样的目光,其背负的精神压力将是怎样的?如此重压施诸小学生,究竟会让其"幡然醒悟"还是自暴自弃?这会给本应平等、纯真无邪的同学关系,带来怎样的阴影?

重新回顾这个事件,是因为"绿领巾事件"绝不是孤立的,甚至可以说是中国教育的一个缩影。很多学校总是乐于打着"为学生好"的旗号,做出一些违背教育规律的匪夷所思的事情。譬如:成绩差的学生伺候优等生吃饭,目的是让"差生""知耻而后勇";课间将学生"圈养"在教室里,只准喝水上厕所,美其名曰"为学生的安全着想";将学生推入"书山题海",要熬到后半夜才能完成作业,完全不顾学生的身心健康,还美其名曰为了学生的"前途";等等。这些司空见惯的现象背后,折射出的都是学校文化中一个严重的问题:"目中无人"。

"唯分数论"大行其道,考试成绩公然张榜,不仅有"红榜",甚至有"黑榜",学生每每"胆战心惊""无颜以对",尊严都没有了,谈何健康成长?

动辄罚抄几十遍、几百遍,体罚、变相体罚屡禁不止。因一分之差在年级排名中掉了十几位,就被视为"退步",老师批评,父母抱怨,整个假期就得补课。学生沦为成绩册上的一个代码。

课堂教学不考虑学生的需求和接受能力，搞统一"规格"，实行"标准件生产"。学校成了工厂，课堂教学成了流水线，把培养人等同于生产产品，漠视人本有的差异性。

走廊里挂了那么多优秀的艺术作品，可有多少是孩子们的？悬挂的作品有多少符合孩子的欣赏角度？我们在活动区里放置的游戏器械，有几样能够让孩子们自由使用？

开设的各类课程，开展的各种教育活动，只考虑到了部分孩子，还是满足了所有孩子的需求？我们有没有努力关注到每一个孩子，无论他智力如何，成绩如何？

……

不得不说，很多时候我们过于"自以为是"。我们觉得给了孩子需要的一切，觉得只要愿望是好的结果就不会差。可是我们了解孩子吗？他们需要什么？不需要什么？我们愿意给他们"所需要的"吗？我们又有能力给吗？说起教育"要为孩子一生的幸福奠基"，没有人会反对，但如果我们连孩子当下的幸福都不肯真正关注，孩子们怎么可能对未来充满憧憬与期待，怎么可能坚定地寻找未来的美好呢？

教育是一种培育人的社会活动，促进人的发展是学校最根本的任务。一个教育者，首先应该尝试努力减少学校中"目中无人"的现象。这也是本书致力探讨的核心话题。

学生喜欢是评定优质学校的最重要标准

什么样的学校算是好学校，标准似乎很多，我一直坚持认为学生是否喜欢，是众多标准之中最重要的。

有一次我到一所中学办事，恰好赶上学生大会上校长讲话，我驻足聆听，发现了一些问题。校长在用埋怨的口吻与学生交流，他的大致意思是：学校花费了很多的心血改善办学条件，设施设备比其他学校强了很多，老师们也很敬业，为了同学们的成长呕心沥血。但很多同学不懂感恩，也不知道喜欢学校、热爱学校，校园里乱扔垃圾的情况随处可见，厕所的水龙头经常被人弄坏，"三好学生"的光荣榜总被人用大头针扎出刺眼的小孔，校服本来是学校的文化符号，可是部分同学在上面画出搞怪的漫画，还堂而皇之地穿到大街上，如此等等。

这位校长的头脑中，也一定把"学生喜欢"作为办学成功的重要标志，可惜，从他的描述中不难听出，学生是不喜欢这所学校的。学生不满意，自然才有种种破坏学校形象的行为。我替这个校长遗憾的是，他虽然是用批评的语气来讲话的，但我分明听出了一点"乞求"的味道，他一直在强调，同学们要感恩，要懂事，要喜欢自己的学校。但学生的喜欢，是这样要求就能得来的吗？

与校长们交流，我不止一次地谈过一个话题：大家是否有勇气真正用"学生喜欢"这个标准来判断一下自己学校的情况？比如，做个全员的匿名问卷，可以把答案设置为"非常喜欢""喜欢""一般""不喜欢"等，让学生们选一选，我们来统计一下。大部分校长是迟疑的，并不情愿这么做。在教育行政部门对学校的评估中，通常也有类似的评价条款，但一般情况下，学校领导都会想方设法"作弊"，严防死守，提前做好"封口"工作。看起来，大多数学校还是害怕学生来评判的。

有人质疑，学校教育承载的东西很多，如果完全以学生喜好为标准，是不是会破坏办学原则？学校会不会出现偏差？我想，这样的疑问大概就是"皇帝的新装"了，原本知道了真相，却要找出种种理由自我欺骗。要知道，学校是为儿童建设的，这是一个常识，学生不满意，不喜欢，学校办得当然就有问题。如果只看到学校无数耀眼之处，譬如上级部门的表彰、老百姓的认可，却偏偏不在乎学生的满意度，这样的学校很容易陷入"儿童是为学校而存在的"的逻辑，也就是说，儿童成为了学校成名获利的工具。

几年前，一个特殊的四年级学生转到我的学校。据说他已经转学几次，每所学校都读不了两三个月，他就闹着不读了。转学后不到两周，孩子的妈妈兴奋地给我打电话表示感谢，说她万万没有想到，孩子好似变了一个人：早晨再也不像以前似的，需要"威逼利诱"才肯上学，每天总是早早起床，特别积极。他说他愿意待在学校里，因为老师对他好，还有很多开心的事。从妈妈兴奋的表述中，我听出了她对这次转学的满意，也感觉到这个孩子对学校的喜欢。或许这个孩子身上积蓄下来的不良习性还很多，但"喜欢"已经让这些不良习性的转变出现了一丝可能。试想，一个不喜欢学校，甚至抵制学校、反抗学校的人，怎么可能在学校接受到良好的教育呢？而当一个孩子对学校流连忘返的时候，他还有什么学不好的呢？这是一个朴素的真理。不少学校下决心打造优质学校、品牌学校，恐怕还要审视一下，你的学生是不是真正喜欢这所学校？

无论是帕夫雷什中学的苏霍姆林斯基，夏山学校的尼尔，还是一直关注"孩子们，你们生活得怎样"的阿莫纳什维利，抑或晓庄学校、育才学校的陶行知，他们在自己的办学实践中，无一例外地都会认真研究和仔细琢磨如何让学生们喜欢自己的学校，喜欢这所学校的学习和生活。

李希贵校长曾经说："兴趣是最好的老师，学校的重大教育活动都尽可能办成学生的节日，并使学生终生难忘，学科教学活动应该充分考虑学生的兴趣。创造条件努力让教室成为学生最喜欢的地方之一，让课堂教学成为学生最喜欢的活动之一。"他把这一深刻的认识变成了生动而丰富的办学实践。在北京十一学校里，不仅有泼水节、戏剧节，还有几百门课程、几百个学生社团，温文尔雅的李希贵校长，在全校学生面前，有着另外的一个又一个形象，比如"加勒比海盗船长""邓布利多校长""变形金刚大黄蜂"。我们想，这样的学校，学生怎么会不喜欢、不愿意去上学呢？

或许"喜欢"这两个字，一点儿都不新鲜，但于教育而言，还真是一个绕不过去的坎儿。以此为出发点来考虑学校的工作，我们很可能会迎来更加有"人味"，更加有生命气息的全新的校园生态。

第二节
学校的第一要务是什么

▌案例

"寄生虫"与苦恼的妈妈

一个妈妈向我求助:儿子二十几岁了,窝在家里,通宵玩游戏,白天赖在床上不起,也不去找工作。她向我发出求助的直接导火索是,她的儿子玩游戏不能通关,嫌电脑配置太低,向她索要一万块钱,要更换设备,她生气没给,儿子居然把茶几砸了,以发泄自己的不满。

很显然,这是一个"巨婴"。

一了解,果不其然,这个孩子俨然家里的"小皇帝"。他父亲兄弟三个,只有他这一个男孩儿,从出生就跟着爷爷奶奶生活,要什么有什么,想什么来什么,随心所欲,无所不能。慢慢地,他长成了任何人不能触碰的"宝贝"。和小朋友玩儿,人家有什么玩具,他就必须有,没有就哭闹,哭闹就买;上幼儿园刚开始练字,字写不好,妈妈只要一批评,他就哭,满地打滚儿,只要一哭,爷爷奶奶就横加干涉,埋怨妈妈心太狠。

上学后,妈妈意识到爷爷奶奶纵容的害处,把他领回了自己家。开始的时候作业写不完,妈妈逼着他写,但看着孩子满眼的泪水,妈妈的心软了，这让孩子看到了希望。于是，他不断地找借口逃避写作业，最后发展到不用找借口，干脆不再写了。老师和家长都无可奈何，只能一次次无原则地谅解他。如果想要他帮着家人做点什么，他要么干脆拒绝，要么置之不理。"规则"两个字在他人生的词典里是不存在的，他认为整个世界就是自己的。

长大一些，他开始迷恋游戏，一开始父母还尝试用"写了作业可以玩""考好成绩可以玩"来交易，但到最后，终于陷入了"没人能管"的悲催境地。软的不行，就来硬的，爸爸终于登场了，于是暴力不断，家里鸡飞狗跳，可惜仍然无济于事。

妈妈的诉说，揭示了这个家庭陷入的窘境。我问：他不去找工作，是不是没有感兴趣的事？他有什么特长吗？

妈妈依旧无奈，他的儿子总是自诩为音乐天才，但又不肯努力，家里先后买了钢琴、吉他、音响，给他请过几次专业老师，全都半途而废。后来迫不得已读了个大专，想让他学点技术，但开学不到一个月，说什么也不去了，也不肯找工作，不是嫌这个累，就是嫌那个工资低，要么干脆说，这些工作都配不上自己的才华。

我也拿不出灵丹妙药。我只能告诉这个妈妈，他的儿子是典型的"巨婴"心理，虽然是成年人了，但心理还停留在婴儿阶段。他的世界是你我不分的，没有边界意识，他以为他能主宰一切，所有人都得围着他转，所有的钱都得给他花。他的内心其实很脆弱，不肯接受质疑，一旦受到质疑就会强烈抵触。究其原因，是在孩子的成长过程中，家长没有给孩子认识世界的能力，一味满足他的本能需要，造成他以自我为中心，没有完成从自然人到社会人的转变，因此仍像婴儿一样看待世界，无法融入社会。

我嘱咐这个妈妈，不要急，解铃还须系铃人，还得从父母入手，逐渐引领儿子认识自己与世界、与他人的关系，拎清权利边界，掌握社会规则，慢慢让他承担一些责任。然后帮他去发现兴趣，鼓励他去尝试，直到他找到自己与世界融合的路径。

"巨婴"是怎么养成的

《咬文嚼字》杂志公布的2018年十大流行语,"巨婴"一词排到了第九位。"巨婴"现象,在中国实在太过常见:

48岁的海归硕士,回国后不肯工作,靠老母亲给的生活费苟活。母亲82岁了,还患有尿毒症,苦苦哀劝儿子出去工作,儿子却死活不肯。

赴日留学5年的25岁青年,对前来接机的母亲连刺9刀,致其生命垂危,仅仅因为母亲不能满足他生活费的需求,于是拔刀相向。

16岁就成为博士的高材生,是别人眼中的天才,却在毕业前强迫父母在北京为自己买房。父母无力承担,他却理直气壮:"我是个博士生又有什么用,我连一套房子都没有,算什么博士!"

……

中国老龄科研中心统计,在城市里,我国有65%以上的家庭存在"老养小"现象;有30%左右的成年人依靠父母给他出部分或全部的生活费。他们没有自理能力,一味索取,最后成为不折不扣的"巨婴"。他们把自己当成了宇宙的中心,认为父母应该对自己百依百顺,甚至认为整个世界都应该为他们服务。他们的心态总是:我弱我有理,别人帮我天经地义。

"霸座""阻拦高铁发车""抢公交车司机方向盘""出国旅游对航空公司不满,不知道依据规则解决问题,而是喊话大使馆",这一系列"我要""我就要"的行径大约都可以被称作"巨婴"现象。"巨婴"并不单单指过度依赖父母的青少年,而是泛指一个奇葩的成年人群体,他们极度自私,只求索取,没有规则意识,没有法律概念,把别人的帮助、赠予视为应该,没有丝毫的感恩之心,感觉全世界都应该无条件地顺从自己。

"巨婴"产生的根源主要在家庭,有人总结了一个公式:"消失"的父亲+"包办"的母亲="没有断奶"的"巨婴"。家庭教育的缺位或畸形,导致孩子被父母过度娇惯宠爱，变得脆弱、依赖、没担当、没主见，没有正确的价值观、是非观、正义感、责任心，这是"巨婴"行为产生的主要原因。

但我们在这里主要探讨的是学校教育。学校教育过分以知识教育为导向的办学模式，对"巨婴"现象的形成负有不可推卸的责任。一个人，从小学到中学，再到大学，经历了他们人生中最重要的"三观"形成时段。但是，在这个时段，他们主要做的一件事，就是围绕着选拔考试的方向和要求，将最主要的精力全部投入到几门文化学科的学习之中。他们除了可能获得的优良成绩外，什么独立、自主、社会上的事务，根本没有太多机会体验尝试。整个社会对学校、对教师工作成果的评价，也定位在"升学率"这单一的点上。在这样的教育背景下，学生没有学会负任、爱、厚道、感恩、回报，没有学会交流沟通、合作、宽容、守规则、礼让，没有学会自我认识、自我管理、自我规划，也就不足为奇。

学生的人格不完整，何以摆脱"巨婴"心理，完成"自然人"到"社会人"的转变？网络上不断曝光的"巨婴"案例中，许多人都有着"高学历"，有着耀眼的"知识光环"，这恰恰暴露出他们在漫长的教育周期中存在的"缺失"。学校并没有把学生作为一个完整的人，据此提供相应的营养。相反，学生只是一个工具，或是为了实现光宗耀祖的家庭使命，或是为了满足学校对社会地位的追求，于是，强调人比人，没人味、没人性的教育流行于世。这样一个病态的系统本身，就成为了"巨婴"形成的土壤。这必须引起我们对整个学校体系自身缺陷的警惕和反省。因此，我们应学会超越烦琐的学校事务，站在体系之外来打量我们的学校，并抛给自己一个问题：学校工作的第一要务到底是什么？

先成人，后成才

近几年，"精致的利己主义者"这个概念非常流行。

2012年，北京大学钱理群教授在武汉大学"'理想大学'专题研讨会"上说：

实用主义、实利主义、虚无主义的教育，正在培养出一批我所概括的"绝对的、精致的利己主义者"，所谓"绝对"，是指一己利益成为他们言行的唯一的绝对的直接驱动力，为他人做事，全部是一种投资。所谓"精致"指什么呢？他们有很高的智商，很高的教养，所做的一切都合理合法无可挑剔，他们惊人地世故、老到、老成，故意做出忠诚姿态，很懂得配合、表演，很懂得利用体制的力量来达成自己的目的。

我们应清醒地意识到，这些人拥有着丰厚的学识、优渥的社会地位，他们都经历过系统的学校教育。除去社会大环境的浸染之外，我们不得不反思：在他们走向"精致的利己主义者"的道路上，以升学为第一追求的学校教育是不是起到了推波助澜的重要作用？

我认为中国教育的根本问题，是如何培养真正的人，即具有基本做人准则、人格底线的人，而非如何培养人才。这强调的是基本的教育逻辑：教育中"人"即目的，而非工具。一味强调把人培养成"人才"，即把人当作了工具。先"人"而后"人才"，教育的顺序绝不可颠倒。

孔子说："弟子入则孝，出则悌，谨而信，泛爱众，而亲仁。行有余力，则以学文。"小孩子要先学会做人，行有余力，才可以学习文化知识。但遗憾的是，近些年中国的教育早已摒弃了我们古老的传统，被急功近利的价值观侵蚀，过分注重学生智能的训练和开发。缺乏定力和主见的父母、学校在孩子的童年时代就开始揠苗助长，导致孩子自我意识的树干还没有足够强壮就被迫努力向上生长，最终沦为竞争和外界评价体系的牺牲品。

德国作家赫尔曼·黑塞曾这样写道："树被砍掉了主干之后，会在根旁萌发新芽，同样，在患了病和被摧残之后，人的心灵往往会回到春天般的萌芽时期和充满遐想的童年，好像它能在那里发现新的希望，把被扯断的生命线重新连接起来似的。这些根部萌发的枝条虽然茂盛多汁，生长迅速，但这种生命只是表象，它永远也不会再长成为一棵真正的树。"这段话非常形象，也非常深刻。先成人后成才，是教育的规律，本末倒置，终将误入歧途。虽然物质生活越来越丰富，孩子们的成绩越来越好，成才的比例越来越高，但不快乐、不幸福的人却越来越多。

身边的一幕幕惨剧，不断警示我们成"人"的重要性：举国震惊的马加爵事件、浙江金华高二学生徐力用铁榔头打死生母、浙江教育学院周英民用裁纸刀杀害同学洪某并将其石沉西湖等等，这些层出不穷的青少年犯罪事件就是敲响的一声声警钟。

基于现行的主流价值观和越来越丰富的教育资源，教出一个优秀的孩子并不难，他们有着千篇一律精致光鲜的履历，但是教育出一个发自内心幸福的孩子并不容易。为了优秀而优秀的孩子很难幸福，只有那些认同自我，通过超越自己实现自我价值的孩子，才有可能成为真正幸福的人。而这样的孩子，不可能不优秀。

柏拉图说：教育非他，乃心灵的转向。转向哪里？难道是引导孩子转向分数、转向才能、转向本事？这恰恰是现有学校体系所提倡的，正是在这样的价值观引领下，人的成长才出现了方向性的偏差。这个转向，更应该是转向爱、转向善、转向智慧，因为这是人类追求的普世价值，而帮助学生建构这样一套能够支持他们未来幸福生活的价值体系是教育的重要使命。但我们的学校教育恰恰忽略了这一点。

一位纳粹集中营的幸存者，当上了美国一所中学的校长，每当一位新教师来到学校，他就会交给那位教师一封信，信中写道：

亲爱的老师，我亲眼看到人类不应该见到的情景——毒气室由学有专长的工程师建造；儿童被学识渊博的医生毒死；幼儿被训练有素的护士杀害。看到这一切，我怀疑教育究竟是为了什么？我的请求是，请你帮助学生成长为有人性的人。只有使我们的孩子在成长为有人性的人的情况下，读写算的能力才有价值。

每每读到这段文字，我的心都格外沉重。当今社会那么多高智商的骗子，恰恰是学校教育出来的，他们拥有的知识成为了作恶的资本。经过几十年的努力，中国的大学毕业率大幅提升，人们的知识水平高了，但为了利益，很多人为所欲为，毫无敬畏。这同样要归咎于学校系统自身存在的严重缺陷。

由此可见，通过教育铸就人的精神比灌输知识更重要。爱因斯坦说："用专业知识教育人是不够的，通过专业教育，他可以成为一个有用的机器，但是不能成为一个和谐发展的人。"所以，"先成人，后成才"是学校教育必须贯彻的方针，这决定着一所学校的价值取向，也决定着学校的工作重点。

我们欣喜地看到，国家正积极制定一系列政策，着力改善教育现状。《国家中长期教育改革和发展规划纲要（2010—2020年）》指出，要把"育人为本"作为教育工作的根本要求。这正是要求教育由关注"成才"转向关注"成人"，真正促成学校教育中的"目中有人"。

"丛林法则"带来的恶果

不知从何时起，"提高一分，干掉千人""只要学不死，就往死里学""两眼一睁，开始竞争"等口号铺天盖地地进入了校园。

我曾经跟一所贴满这种标语的学校的校长有过一场争论，他如此言说：

这叫"霸气"！"狭路相逢勇者胜"，高考千军万马过独木桥，没这个劲头怎么能战胜自己、考出好成绩？我们的学生，每天早晨口号一喊，个个像打了鸡血，有这样的状态，什么奇迹创造不了？你问会不会有学生被逼入绝境，出现心理问题。怎么说呢？"弱肉强食，物竞天择"，不适应，扛不住压力，那就被淘汰吧，谁让他是个弱者呢！剩下的才是精兵强将，这从我们辉煌的高考成绩就可以看出来。

我想，如果给这位校长一个舞台发表演讲，恐怕会有不少的教师和家长热泪盈眶、为他鼓掌。因为这样的逻辑，在无数人的头脑中根深蒂固，无数人深深信奉，"丛林法则"在教育中同样适用。

何谓"丛林法则"？

"丛林法则"基本的特征是弱肉强食，优胜劣汰。强大威猛的狮子、老虎、狼欺负并且吃掉鹿、牛、羊、兔子等弱小动物。强者统治弱者，弱者靠自己的力量无法改变生存状况，也无法获得外力的支持与保护。由此延伸到整个社会，人和动物之间、不同种族之间、人和人之间、国家和国家之间，也无时无刻不在上演着生物界这一铁的规律。

为什么这样一个法则会逐渐在教育界流行呢？我想这与中国严酷的高考制度、优胜劣汰的机制分不开。各级政府、教育行政部门考核学校的标准是"升学率"，急功近利的家长以成绩给学校"投票"，这种以升学率为唯一评价标准的做法，是导致教育事业"丛林化"的根源。

这种淘汰机制使得教育日渐偏离培养"德、智、体、美、劳"全面发展人才的大方向。因为在一考定终身的制度下，胜者为王，许多失败者提前退出分数竞赛，刚进入初三或者高三毕业班，就已经被老师"抛弃"。学校里优质的教育资源被成绩好的学生占有，而所谓"差生"，除了极个别发愤图强之外，绝大多数在最后成绩揭晓之前，已经成了输家。重点班盛行，流行重奖中考状元，体罚、变相体罚屡禁不止，学生身心健康持续下降，创造力屡弱，基础教育界的这些怪现象，不得不说与"丛林法则"理论占据主导不无干系。

我坚决反对在学校提倡"丛林法则"。有人质疑：难道竞争有错吗？我认为，"丛林法则"中的竞争与一般意义上的竞争是完全不同的概念。打个比方，一个儿童参加踢毽子比赛，他为了取得胜利，刻苦练习，付出了很多辛苦，在比赛中战胜了所有对手，取得了冠军，他从竞争中得到了快乐。也就是说，竞争的确能够给人带来愉悦。但需要注意的是，这种竞争仅仅是满足一种精神需求，而不是为了"生死存亡"争夺"物质资源"。对每个人而言，这种竞争是平等的，通过有"规则"约束的、文明的竞争，得到一种愉悦无可厚非，往往能够促进人自身素养的提升。但如果不顾自身条件，一味强化"竞争"，强调"争强好胜"，甚至上升到"你死我活"的境地，这种对精神愉悦的过度追求，很可能导致没有边界的"扩展"，偏狭嫉妒、无法包容、自私自利等人性的劣根就可能在一个人的魂魄里蓬勃起来，甚至演变为靠他人的痛苦来满足自己的"精神需求"。这就变成了非常可怕的事情。

2018年6月，山东淄博发生了一起故意杀人案件，引起了社会的广泛关注。某中学初三学生秦某，预先藏至某小区单元楼道内，待同班同学马某出现后，秦某一刀伤及马某心脏，在马某挣扎到单元门外后，又起一刀将马某颈动脉砍断，接着在胸前和背后连捅数刀，凶残程度惨不忍睹！

这条新闻引起热议有一个重要的原因，就是网传的"第二名杀死第一名"，虽经警方辟谣，该说法不实，但我们想一想，为什么这样一个虚假消息会让那么多人深信不疑？这折射出大家对"丛林法则"中愈陷愈深的学校教育一种实实在在的担忧。在"丛林法则"的浸淫下，学生群体逐渐变得自私，没有同情心，没有爱心，没有社会责任感。

一个初三班主任告诉我，临近毕业的那段日子，她总是提心吊胆，几个尖子生的课本、笔记本、学习资料，总是莫名其妙地丢失，或者被人毁掉丢在垃圾箱里。不得已，她只能安排学生轮流值班，防止再发生意外。这也是学校长期提倡"优胜劣汰"的结果。如果我提高不了"一分"，是不是也可以考虑"干掉千人"？动点小脑筋，把竞争对手打乱，这不就等于我的胜利吗？

多么可怕的思想萌芽！教育培养的这种人多了，未来的社会会不会由此埋下不安定的祸根？

其实，人类社会之所以不断进步，一个最根本的标志，就是人类在一步一步消除"丛林法则",抑制弱肉强食。人的社会,绝不是动物世界,绝不能让弱者像羔羊一样被强壮的老虎或狮子吃掉。否则,我们为什么还要花费那么多的人力物力去搞"希望工程"?为什么还要发放助学贷款,追求教育公平、教育均衡和无差别教育?一些人坚持把"丛林法则"引入基础教育领域,是因为他们缺乏对教育的正确理解,甚至不配从事崇高的教育事业。事实上,现代社会真正需要的,恰恰是懂得守法、坚持正确价值观、善于与人合作的人。这与"丛林法则"的培育方向截然相反。

教育应该做的,并非提倡赤裸裸的竞争思想,相反,教育要适度抑制人竞争的"天性",引导一个人懂规则,有端正的品行,懂得容忍、谦让和示弱,懂得与人合作,这样的学校教育才能让更多人真正拥有立足于社会的资本。

第三节
学校的价值如何选择

▎案例

"一个都不能少"的开学典礼

2016年,我在江苏一所新建学校担任校长,学校举行建校史上第一个开学典礼,自然备受关注。我们决定采取学生全员参与、以班为单位上台展示的方式。刚刚开学,老师们既要熟悉学生,又要加紧排练,压力很大。彩排后,一个一年级班主任向我请示,说她班里一个叫"小黄"的学生,有多动症,恐怕会把开学典礼"搞砸",能否破例不让小黄参加展示,留在台下和父母一起观看演出?

这个"小黄"是个"名人",几乎学校所有人都认识他。开学几天来,他根本无法在教室里坐下来,总是满院子乱跑。"彩排"那天的情景我也注意到了,班里其他同学在表演,而他,台上台下跑来跑去,不断拉扯舞台上的幕布。按道理,班主任提出的要求似乎"并不过分"。

看着班主任渴望的眼神,我没有直接回应她的请求,却问了她一个问题:假如小黄不参加这次活动,等到六年后,你们班举行毕业典礼的时候,在班级的历史回顾片中,第一次开学典礼的珍贵镜头,将缺少一个人的身影,你怎么看待这件事?

故事的结局皆大欢喜。"小黄"终于登上了舞台，而且，他出乎意料地没有在现场"丢人现眼"，顺利地完成了表演。据说她的妈妈在事后对班主任感激不尽，因为将近三年的幼儿园生活，她的儿子一直被当作"另类"。这次开学典礼，是他第一次没有被老师"另眼相待"。

"学生成长"先于"学校发展"

若干年前，我写过一篇文章《开学典礼之痛》，开头写道：

又是一个新的学年，开学典礼是必不可少的：全校学生坐得整整齐齐，静静聆听从领导到嘉宾、从校长到老师、从家长到个别优秀学生冗长的讲话和发言，可能也会安排颁奖，或学生献词、表决心之类，然而，更多的学生只是沉默的"旁观者"或是麻木的"呼应者"。因此，学生要么会场上哈欠连天、窃窃私语，要么频繁去厕所，也就不稀奇了！

我之所以说这是开学典礼之痛，是因为我强烈地意识到：开学典礼应该属于学生。在这种老套、乏味、麻木的活动模式中，学生完全成了"摆设"，成了"背景"，无法成为"主角"，怎么会真正把这样的时刻铭记终生？

我一直在尝试改变。譬如让学生主持典礼仪式，走进学生队伍，让同学们发表心声。校长不是坐在高高的台上，与学生隔着"千山万壑"，而是在学生群体中表达和述说。这样的形式，虽然称不上绝对"新鲜"，但至少打破了固有的很多东西，学生成为了开学典礼的参与者、体验者和互动者，彰显出育人为本、以学生为主体的教育真谛，为学生所喜闻乐见。

这样的开学典礼，因为凸显了"人"的存在，而让学生的校园生活五彩缤纷起来。

这里折射出一个问题：办学过程中，我们是以"学校发展"为重，还是以"学生成长"为重？当然，绝大多数情况下，"学校发展"与"学生成长"是并行的，朝着同一个方向。但不可否认，在学校发展的特殊阶段或特殊背景下，经常会遇到二者不同步，甚至不同向的情况。在这种情况下，选择"学校发展"为重，还是"学生成长"为重，就考验着一个教育者的价值判断。

二十多年前，我所在的学校接受上级部门的农村义务教育"双基"验收，当时入学率、毕业率、设备、图书的数量等各项指标均不合格。这是一场几乎全部造假的迎检。如果说这是我们的"特色"，不得不理解的话，接下来学校要求学生背诵"明白纸"上的虚假数字、糊弄检查团，就让我无法接受了。于是，经过校长"恩准"，我被特许带领自己班级的学生去野外搞写作实践，巧妙地"逃离"了检查现场。

难道校长不知道这与学校提倡的"诚信"品质背道而驰？我想他心知肚明，他不过是在"学生成长"与"学校发展"出现冲突的时候，无奈地选择了后者而已。

学校管理通常有两种模式：为了学生或为了学校。一般情况下，学校有清晰的制度，根据学生的错误给予相应惩罚，以达到维持良好纪律和秩序的目的，这是为了学校，其弊端在于压抑学生的是非观念，鼓励学生绝对服从，进而牺牲了学生的社会意识、社会责任感和自主意识，不少学生在这个过程中学会了寻找制度的漏洞，因此并不可取。更有长远意义的做法是"由学生选择"，即学生犯错后，教师提供惩戒方案供学生选择，或学生自主提出自我惩戒方案，并承担选择的后果，以此培养学生的责任感和自觉意识。这才是真正为了学生。

这两种模式反映出截然不同的管理思维：前者我称为"控制型"管理，其出发点是基于控制、驯服，单方制定好标准，强制执行，强化的是对学生的"洗脑"，简单要求学生遵规守纪，不越雷池半步，在意的是"风平浪静"的美好局面，培养的是俯首帖耳的"顺民"；而后者姑且称为"教育型"管理，其出发点是唤醒学生自我管理的意识，强调对有思想、有担当的人的培养，体现出对民主、自由、平等等现代社会普世价值的引导，它不仅引导学生思考怎么做，更引导学生思考"为什么这么做"，把学生作为解决问题的核心要素，因此这种管理思维是真正为了学生的成长着想。

遗憾的是，在中国大部分学校中，备受推崇的仍是前一种管理模式，只顾"学校发展"而不顾"学生成长"的现象比比皆是。学校竭尽全力培养"高分低能"的"标准件"，不少学生分数上去了，知识量增加了，但学习兴趣没了，天赋和灵性被磨灭了；体育课不上了，"课间使用权"被取消了，近视率大幅提升，学生成了弱不禁风的豆芽菜；管理僵化、生硬，以控制为出发点，充斥着"要、应该、必须、服从、严格遵守、不得、不准、严禁、不允许"等词汇，学校"秩序井然"了，但学生顺从听话的背后，是对教师和学校无尽的不满和怨恨；看似热闹非凡的课堂教学，沦为机械训练的场所，在取得辉煌成绩的同时，学生在"做人"方面出现严重缺失，往往唯我独尊，待人冷漠，缺乏诚信，漠视生命，暴力事件频发……

这些不堪的现象在学校日复一日、年复一年地存在着。真的有人在乎吗？有的校长毫不隐讳地说：只要考出好成绩，学校声名鹊起，那就OK了，学生未来发展究竟怎么样，我管得了吗？

这种并非真正为学生着想、极端功利主义的思维，普遍性地存在于教育行政部门领导和学校管理者的头脑中。

这样的格局和心胸，如何做到"目中有人"？"学生成长"优于"学校发展"只能沦为妄想。这样的学校，面目可憎，很难受到学生欢迎。

何为基础教育的"基础"

基础教育的"基础"指什么？我曾经在学校做过一次问卷调查，将近一百名教师参加了答卷，答案基本统一，大多数人认为，基础教育中的"基础",指的是"基础知识""基本技能"。

为什么大家的认识如此高度一致?对大部分教师而言,并未真正思考过这个问题,相反,五花八门的"双基训练"的练习册,则再熟悉不过了。所以提到"基础",大家误解为"双基"也就不新鲜了。实际上,新中国成立以来,我国基础教育的发展,大体经历了四个阶段:

第一阶段为偏重"双基"阶段,即偏重掌握基础知识与形成基本技能。这个阶段从1949年至1979年,为期约30年。第二阶段为强调智力阶段,即强调发展智力与培养能力。这个阶段从1979年至1982年,为期仅4年。第三阶段为重视非智力因素阶段,并把非智力因素与发展智力、培养能力结合起来。这个阶段从1983年至1989年,为期约7年。第四阶段为加强素质教育阶段,即从根本上克服传统教育的弊端,逐步实现由应试教育向素质教育的转轨。这个阶段大约从80年代末90年代初开始,现在正处于全面转轨的攻坚阶段。

原来所谓的"双基"已经是四十年前的提法了,可我们很多老师的头脑中,还误以为基础教育就是要把基础知识、基本技能的掌握和训练作为重点,可见这种观念多么根深蒂固。说起来,这样的认识恰好与应试教育一拍即合,所以才有如此众多的拥趸。

这些年,有一句让无数家长焦虑不堪的话,那就是"不要让孩子输在起跑线上",于是,学习之余,学生比在学校还忙,赶场似的参加各种各样的补习班。家长的焦虑通常源于一种假设:未来的竞争是以智商为代表的认知技能的竞争。既然有这样一个逻辑在,那么家长急于要做的,就是帮孩子学习知识、增添技能、获得学历、考取证书……他们认为,这都是在给孩子在这条线性的跑道上增加成功的筹码。但我们想一想,一个人的发展是线性的吗?恐怕没有这么简单。人的成长、成功受着太多因素的影响,绝非无限制地堆砌知识和技能那么简单。

正向心理学提出了孩子未来成功的"七大秘密武器":坚毅、激情、自制力、乐观态度、感恩精神、社交智力、好奇心。智商却被排除在外。这不能不让我们反思:学校教育到底该给学生什么样的营养,才是为学生的未来真正打好基础？

按照美国权威机构预测，未来的十年二十年，世界上现有的职业将有70%被人工智能所替代。未来已来，如果我们还狭隘地把学校教育理解为，只需牢牢抓住"基础知识""基本技能"的提升就万事大吉，我们的学生凭什么去面对一个完全崭新的时代？所谓"双基"，充其量是学生的"学习基础"而已，但一个人走向社会、融入社会，仅凭"学习基础"是万万不能的，他更需要的是在走向社会前打牢自己的"发展基础"。而身心健康、人格健全、学习能力、探究意识、对美的感知能力等等，这些才是一个人长远发展的真正基础。

因此，对"基础"的定位是否准确，决定着我们做的教育是真教育还是假教育，也决定着一所学校是否"目中有人"。

人是教育的终极目的

应试教育大有愈演愈烈之势。

当然，这与看起来仍是中国现阶段最好的人才选拔模式——高考有关。在这个社会阶层日渐固化的时代，高考仍是生活在社会底层的人群试图向上流动的重要通道。无数父母把整个家族社会地位提升的希望都压在下一代人的身上，这才有了狂热的应试教育大潮的产生。这就是应试教育在中国能够生存下来的最大的"市场"和强大的动力。

改革开放打开了中国封闭的大门，这对中国的教育也产生了重要影响。中国近三十年的教育改革，主要是在借鉴国外的经验。遗憾的是，这些先进的教育理念，遇到应试教育这根"软钉子"，顷刻之间就会失去力量。应试教育之强大可见一斑。这一方面缘于应试教育所造就的巨大市场的推动，另一方面也是我们的管理思维导致的必然结果。你想，一个行政官员评价一所中学，只要看它考取了几个"北大清华"，就可以判定这所学校是不是好学校。这个办法多么简单轻松！学校内部管理也是一样，只要根据教师所带班级的学生成绩，就可以断定这位老师的优劣，据此评定职称、发放绩效，简单易行，何乐而不为？

但我认为，看起来"好处"这么多的应试教育，实际上正把中国的教育逼上一条越来越偏狭的"不归之路"。应试教育的危害，并不是每个人都能看得出来。不身处其境的人，绝对想不到其对人性的摧残。它虽说是一种"传统"，可是这一"传统"真的那么好吗？它真的那么适合我国教育的发展吗？它真的适合儿童的身心发展吗？每每问起这样的问题，都会倍觉沉重。

应试教育让学生把全部精力倾注于升学考试，把取得高学历视为学生接受教育的最高目标，把学生的考试成绩作为评价学生优劣、教师优劣、学校优劣的第一标准。因此，它绑架了学生，挟持了老师，误导了家庭、学校和社会，层层加压，学生、家长、教师三位一体，齐心协力为考分拼命。在这样一个局面下，活生生的"人"不见了，学生只是被用来灌输知识的机器，他们的喜怒哀乐不重要，他们的兴趣爱好不重要，甚至他们的身心健康也变得不重要，每个人都被贴上了不同的"标签"，很多学生的头顶上，都被贴上了"淘汰品"的标志。

山东省教育厅原巡视员、北师大教授张志勇先生曾讲过这样一段话：

这种围绕着单纯的应试教育而进行的知识教育到底排斥了什么？（1）这种知识教育从本质上是不重视人的德性成长的教育，因为这种教育是脱离生活、脱离社会的教育，而人的德性成长从根本上是无法脱离生活与社会的。（2）这种知识教育是忽视体育和美育的教育，因为从教育者对教育科学的认知而言，他们不认为人的身体素养与审美素养、与知识教育具有内在的联系，加上这种教育本身与考试无关，或者说，无法在考试中得到价值体现。（3）这种知识教育从本质上是排斥对人的创新教育与实践能力教育的，因为人的创新能力与实践能力的养成，从形成机理上讲，是离不开实践与探索的，而围绕应试教育进行的知识教育本身是脱离甚至排斥实践与探索的。正因为如此，这种知识教育本身是无法真正承载起改变人的命运的神圣使命的，因为这种知识没有真正的力量。

　　这段话深刻揭示了应试教育的问题所在。过去说，"知识改变命运"，但应试教育形态下对知识狭隘的理解，让这句非常励志的口号，成为钳制人们的教育思维、毒化中小学生教育的一株美丽的"罂粟花"。有长远目光的教育者，要有意识防止把知识等同于书本知识，把知识的来源"窄化"为教材、教辅、作业的趋向，要从为学生的一生服务的高度来思考学校的工作。

　　爱因斯坦曾经说过：什么是素质？当人们把学校里学到的知识都忘掉的时候，剩下的就是素质。套用一下他的观点：当人们把考试和升学率都忘掉之后，剩下的才是真正的教育。

　　作为学校的管理者，只有认识到这一点，并积极尝试着去改变目前极端扭曲的教育局面，让学校回归平静，让教育回归本原，才有可能让学生回到教育的中央，沐浴着人性的光辉，享受着人道的尊严，获得人的德性、智性、体能和美的启蒙与培育，让人的内在力量得到充分发展，独特性得到启迪和施展。

　　这样，人才会成为教育的终极目的。

第四节
学校的信仰如何定位

> **案例**
>
> "诚信考试"面临的挑战
>
> 我在学校推行"全员诚信考试",反对声不少。
>
> 诚信考试在很多学校更像一种"作秀",优秀的学生才有资格参与。一是成绩好的学生,大家理所当然认为他们的品质也好,不太可能发生作弊的事;二是这些学生之间本就存在"竞争"关系,彼此互相提防,这为诚信考试提供了重要的心理基础。
>
> 若非全员参与,诚信考试就失去了意义,难道那些成绩不太理想的学生就不需要诚信的品质吗?更何况,如果诚信考试在无意间引导学生走向自私自利、相互排挤,这与未来社会所需要的更具合作力的人才培养目标岂不是相悖?
>
> 我的提议一发出,立刻遭到了质疑。
>
> 先是老师们反对。理由就是,这根本不可能。有那么一部分学生,本身就存在各种问题,有老师监考他们还蠢蠢欲动,如果没人监督,那还不乱了套?
>
> 接着是家长们反对。社会上存在很多不诚信的现象,你们大搞诚信教

育,让学生成为"老实人",将来我们的孩子走上社会,岂不是要"吃亏"?

但我坚持。为了达到预期目的,我做了几件事:一是各班举行以"诚信"为主题的班会,学生签署诚信承诺书,让"诚信光荣"的思想在整个校园里传播开来;二是举行学生座谈会,请他们谈谈对诚信考试的期望;三是要求老师们考试期间绝不到监控室"偷窥",考试中途一律从正门进教室,不给学生留下一双"背后的眼睛";四是明确规定,任何班级不得以任何形式给学生公开排名。

结果出乎所有人的预料,整个考试,学生秩序井然,包括那些平时喜欢惹是生非、坐不住的学生,也表现出了超乎寻常的专注和规矩。

后来,我们认真总结了诚信考试的得失成败,并整理成新闻予以发布,赢得了社会的高度评价,连那些对诚信考试有疑虑的家长也开始转变态度。

相信是最大的师德

我一直期待,让相信成为学校的一种文化。

在学校管理哲学中有两种完全不同的思维:一种是相信人是善的,是积极的,是追求进步的;另一种是相信人是恶的,是消极的,是不可信赖的。不同思维注定不同结果。前者导向的通常是教育型的管理,提出要求,相信人能够做到,即使出现一些问题和错误,也相信人会积极矫正、调整,让问题和错误变成一种资源,从而促进人的进步,这样的管理思维表现为给人出路;后者导向的通常是控制型的管理,一味要求不能怎样,并不注重要求背后道理的阐述和引导,这样的管理思维不以人的发展为目的,通常表现为相对简单粗暴,喜欢盖棺定论,不给人出路。

一个主张"相信",一个主张"不相信",两者的区别很大。

我曾经与一个老师进行过一次针锋相对的辩论。起因是她劈头盖脸地批评一个学生,我看到的时候,估计"训斥"行为已经进行了一段时间,那个又瘦又矮的小男孩儿耷拉着脑袋,不停地啜泣着,一副可怜兮兮的样子:"老师,我错了,以后我再也不贪玩了,我一定会按时完成作业的。"

孩子一遍遍重复着这句话,但老师余怒未消,不依不饶:"别跟我装可怜,鬼才相信你的话。"

事后,我找到那个班主任,与她交流对这件事的看法。我建议她,还是要给孩子一次机会,再相信孩子一次,这样也是给自己一个台阶。哪知道,她非常委屈,似乎埋怨我挑了她的毛病:"王校长,您知道吗,那是个什么孩子?从来说话就不算数,满嘴谎话,我再给他机会、再相信他也没用的。"

那天,我掰开揉碎地跟她讲了很多我的想法,但她始终"执迷不悟"。最后,我问了她一个问题:"好吧,那我想问你,既然已经知道拿他没办法,彻底不相信他了,你为什么还要花费这么多的精力找他谈话?难道你只是为了出出气、为了心里痛快吗?"

这下子,她无话可说了。

我们的老师,大多是缺乏耐心的,当一件事情发生后,通常表现为不肯认真倾听、不肯把事情搞清楚,而是首先依据"假想"开始怀疑。这样的现象非常普遍。对那些"屡教不改"的学生更是完全没有信任,不给他们更正错误的机会,即使学生有了悔过之意也置之不理。要知道,人就是在无数次的错误中积累经验不断成长的,所谓"失败是成功之母",所以,学生犯了错误没必要总是上纲上线。教师的工作特征之一就是"反复抓,抓反复",我们渴望在解决孩子错误的问题上一蹴而就、一劳永逸并不现实。

信任,有极大的价值。对教育对象给予期许和能力的肯定,往往会获得积极正向的结果,这被称为"罗森塔尔效应"或"期待效应"。

当下学校中频发的恶性事件,通常是由不相信的管理思维引发的。当学生犯了错误,成绩不好,学习态度不端正,我们总是喜欢盖棺定论,而忽略了人的可塑性和事物发展的延滞性,加上部分教师"智慧"

不足，处理方式不当，由此引发悲剧就不难理解了。

当下课堂教学改革的举步维艰，也与不相信的思维息息相关。不讲，学生能明白吗？不教，学生能学会吗？这是很多教师在日常授课中最为纠结的问题。手把手地讲与教，成为教师们下意识的选择。于是，一篇课文本可以让学生自读自悟，之后教师精要点拨即可，却变为教师越俎代庖，逐字逐句"咀嚼"之后"喂"给学生；一个问题本可以让学生先尝试解答，教师再针对性地指导，却变成教师带着学生按步骤解答，学生在亦步亦趋中丧失了独立思考的时间和空间。

对教师而言，相信学生既是一种美德，也是一种策略。相信学生能够独立学习，就会把学习的主动权交给他们；相信学生有组织能力，就会把班级的事务交给他们；相信学生是善良的，向上的，就会再多给他们提供一次修正错误的机会，把他们往正确的路上领一领。一所学校，如果弥漫着相信的氛围，将是温暖的，和谐的，积极向上的。

当然，这种相信文化的建设，更多地依赖于学校的管理者。

首先是对教师的相信。集权思维下根深蒂固的控制型文化，导致学校管理中经常出现对教师的不相信。譬如，对优秀教师评定标准的僵化，对教学模式整齐划一的追求，没有考虑到教师群体的复杂性，忽略了教师思想个性、教学风格的差异，用一刀切的线性思维去解决问题，这其实是对教师不相信的表现。芬兰教育举世闻名，学校没有针对教师的任何评教活动。他们认为，校长的职责之一是帮助老师更好地发展，而不是去评价老师的好与不好。在这种高度信任下，芬兰教师享有很大的自主权，可以自己选择教材，开发课程，自主安排教学进度和难度等等。这种高度信任感以及由信任感带来的高度自主权，赋予教师的是一种教育的责任感和使命感。因此，芬兰教师内心都有一颗为了教育而始终向上的种子。反之，我们却过于强调"高度统一"，在一种看似"高效"的管理思维下，弥漫的是对部分教师的不相信。相信文化表现为，我们可以认为某个老师还不够优秀，但他已经表现得很好，他在成长的路上。

其次是教师对学生的信任。这体现在，教师真正认为每个学生都有亮点。他们不轻易批评学生，对学生的任何一个问题都会热心帮助，即使学生疑惑的题目或知识非常简单，教师都会耐心解答。如果学生觉得在学习上有困惑，甚至觉得跟不上了，教师也会用最热情的语言鼓励学生。教师对学生的信任和鼓励，带来的是学生自信的阳光。这种信任，要依赖于学校的管理文化。极端控制思维下的学生管理，让学生一言一行都在监控之内，无处不在的"量化扣分"像紧箍咒一样勒在学生头上，甚至像"在床上翻个身""未按规定时间上厕所"等都要遭到处罚。这样的管理模式下，学生更多地体现出寻找制度漏洞、与教师"躲猫猫"的行为，不可能诞生师生间的信任文化。

一所具有相信文化的学校，才是看得见人的学校，才是具备厚道品质的学校。学校、教师、学生、家长之间只有形成"相信共同体"，才能让学生在和谐的环境中真正喜欢学习，朝着更美好的愿景前行！

教育要让社会变得更好

我的一个朋友是个很有钱的老板。他把孩子送到英国去读贵族学校，希望儿子成才，将来有更好的生活。但不到一年，他就让儿子回国了。因为他发现，那些贵族学校并不像他想象中的那样舒服享受。恰恰相反，与国内学校相比，那所学校的生活条件很一般，每天粗茶淡饭，几个人挤在一间狭小的宿舍里，学习压力也非常大，习惯了养尊处优的儿子根本受不了。

他抱怨道：你说这些英国佬，又不是差钱，干吗非要过着这种苦行僧式的生活，还吹什么"贵族精神"？太不靠谱了。

这个故事深刻反映出不同人对教育价值的不同理解。中国人从小就教育孩子刻苦学习，这样就可以过上好日子。接受教育的目的，就是换来自己优渥的生活。但西方所崇尚的贵族精神不是养尊处优、悠闲奢华地生活，而是一种以荣誉、责任、勇气、自律等一系列价值为核心的先锋精神，其高贵之处，就在于干净地活着，优雅地活着，有尊严地活着，不会为了眼前的一些利益，去背信弃义，不择手段。这与我们当下的教育形成了强烈的对比。

网上流传电视节目《奇葩说》的一个视频片段——清华学霸梁植遭高晓松怒批。节目中一亮相，梁植就说自己拥有法律（本科）、金融（硕士）、新闻传播（博士）三项清华学历，但现在为毕业以后做什么工作而困惑，希望导师支招。没想到刚刚开口，高晓松已经按捺不住，火力全开猛烈炮轰，甚至以一句重话对梁植全盘否定："一个名校生走到这里来，一没有胸怀天下，二没有改造国家的欲望，而是问我们你该找什么工作，你觉得你愧不愧对清华十多年来对你的教育？"

在著名教育家杜威的教育思想中，学校不仅要适应社会的需要，还承担着改良社会的重要使命。但中国教育的惨淡现实是什么呢？连梁植这样的顶尖名校的博士生都完全沦为功利教育的牺牲品，在清华被熏陶了这么多年，只能问出"我应该找一个什么样的工作"这样初级的问题。在他的骨子里，过去十几年辛苦地求学不过是为了找到一份好的工作，难怪高晓松痛心疾首。经过"丛林法则"的残酷淘汰，这些佼佼者满足于辉煌的成功，有多少人肯放下个人利益的追逐，而去追求社会的改变呢？又有多少学校，能够不满足于庸俗意义上的成功，自觉自愿把办学的追求定位在用学校教育去影响、改良社会呢？

2018年9月，我来到辽宁海城创办北外附属学校。这里是基础教育的"洼地"，像中国很多偏远的三四线城市一样，优质教育资源匮乏，教师师德备受诟病，在焦虑不堪的压力下，许多学生背井离乡到异地求学。在家长见面会上，我非常郑重地承诺了一句话：我们的目标是，教育一个学生，带动一个家庭，影响整个社会。我们要因为这样一所学校坐落在海城，影响和带动整个海城市文明水平的提升。

这是吹牛吗？不是。我认为，这才是教育者应该有的信念。六七十年前，北京大学教育系教授蒋梦麟就曾经在《我所瞩望的好教育》一文中发出呼喊：

我们要造就能改良社会的个人。

一个人生在世上，终逃不了社会，所以社会良不良，和个人的幸福很有关系。若我但把个人发展，忘却了社会，个人的幸福也不能存在。

时至今日，教育却变得越来越仓惶。一批批有思想有个性的教师难以在体制内存活，学生的独立思考被湮灭在千篇一律的规则和服从当中。不仅没有在改良社会风气上面有所作为，反而让学生快速地去沾染社会的各种不正之风，甚至成为恶化社会风气的帮凶。学校大张旗鼓地提倡成功学，教育人如何更好地适应社会。而所谓的高情商呢，就是教育学生如何更好地去揣摩别人，迎合别人。钱理群教授口中的"精致的利己主义者"，不是把社会正义放在心里，而是把迎合社会、迎合他人放在心里。沦陷于如此境地的教育，浅薄功利，庸俗不堪，如何能够让社会变得更加美好？

有人可能说，一个小小的学校，如何抗拒巨大的社会现实？不去顺应社会，岂不是自寻死路？根据杜威的论述，在这个问题上，学校教育有自己独特的优势，因为学校的孩子们"性质既没有固定，习惯也未曾养成，倘能施以良好的教育，尽可有任人伸缩的余地"，也就是说，教育是改良社会风气最有效的途径。学校的环境、生活毕竟与外面的世界不一样，相对可以控制。接受教育的人在文化熏陶下树立起健全的价值观、是非观和人生观，在进入社会后以自己的言行举止去影响社会中的其他人，自然就能够形成美好的社会风气。

就本质而言，教育本身是超脱于社会而存在的，社会越是不完美，学校教育才越有存在的必要。学校开展教育的终极目的正是改造社会，革除积弊，扬清激浊，破旧出新，让我们的社会更美好。

无数先贤早都意识到，教育的任务除了教化蒙昧，更重要的是改良社会。真正健全的学校教育，完全可以改变一个社会的整体面貌，从内而外，从物质到精神。想让从小学到大学这样一个庞大的教育体系都回归教育的正途，集中力量去塑造一批有独立思考能力、德才兼备且志在改良社会的卓越人才，这注定是一场伤筋动骨的硬仗。但现实再残酷，我们也无需逃避、无法逃避，只能勇敢面对。我们纵然培养不出改变人类历史进程的"大人物"，起码也应该培养一批批自觉抵制社会污浊现象、引领社会风潮的革新者。

寻找每个人的天赋

小兔子是跑步冠军，可是不会游泳。有人认为这是小兔子的弱点。于是，小兔子的父母和老师就强制它去学游泳。结果兔子耗了大半生的时间也没学会。兔子不仅很疑惑，而且非常痛苦，就差"想自杀"了。然而谁都知道，兔子是为奔跑而生的，而不是做条一天到晚游泳的鱼。

《哈佛家训》中的这则寓言，形象地反映出现代社会对人的教育的异化：学校往往是先制定出一套统一的学科标准、人才标准，然后集中力量去修缮、弥补每个学生的弱点。这种把"修补短板"作为主要工作内容的思路，导致的结果就是更多的人在一把尺子的衡量下，要么被淘汰，要么陷入平庸。其实，大家都懂得没有一个人能够"全知全能"，但在以"均衡发展"为基础建立起的中高考制度面前，只能选择妥协。当教育体系"像捕鼠器一样"针对人的弱点，而不是发现和激励一个人的优点与特长时，置身其中的人也就成了一个被教育机器不断试图纠正和加工的物件。最不幸的是，许多人并不自觉，在这个漫长的"纠错"过程中渐渐失去了自我抉择的意志，磨灭了原本属于自己的才情和天赋。

一个人的缺点对人生的影响真是致命的吗？我从小生活在水乡，但没有学会游泳，这在周围人看来，我足够"另类"，但这又如何呢？不会游泳并没有影响到我的成长。读书过程中，我的师长们一直试图把我塑造成为传统意义上的"好学生"，甚至他们已经无限接近成功，但在均衡的学科成绩蓝图上，英语却成了我的"污点"，一直不够出色，直到最后，我彻底放弃了英语的学习，这样的一个缺陷也并未真正让我陷入绝境。这足以证明，对一个具体的人而言，许多缺点微不足道。相反，不断满足于追求"完人"标准的教育，几乎所有的人都在集中力量解决问题，这样的思维方式更容易让学生变得千疮百孔。在中国的学校里，有多少人是因为这样一个"均衡发展"的要求，而被打上了"差生"的烙印？又有多少学校，一心追求建立一套科学有效的"修补人的缺点"的教学管理模式，而最终导致学校陷入平庸？

我认为，对"智商"这个词的理解一直以来存在误区。人类生命的特征之一，就是天赋、兴趣和性格的多样性。但"智商"这个概念，认定一个人的智力水平有一个天生的数字，并且这个数字可以迅速地被测评出来。这样的认知，给我们的教育带来很多的误导。"智商测试"这几年在国内颇为流行，媒体上甚至出现了这样的报道：一个小伙子为了向女友求婚，将"智商测试"的优异成绩拿来加以炫耀。我身边有些父母，苦于孩子学习成绩不佳，于是忧心忡忡地带着孩子去做"智商测试"，一旦数值不理想，就唉声叹气，似乎命运不济，摊上了这样一个"没出息"的孩子。有些老师，也将部分学生成绩不理想归咎于智商太低，给孩子贴上"差生"的标签。这种种现象都预示着，大家把智商水平当作了一个人一辈子成就大小的决定性因素。这样的理论，对人类如此丰富而多元的智力而言，显然有失偏颇。

每个人都有自己的个性、天赋、兴趣、爱好。这不仅仅可以通过广为流行的"多元智能理论"得以验证，即使从我们的生活体验中也能窥见其端倪。我是个典型的路痴，开车必须使用导航系统，即使多次行驶过的道路依旧如此。这一点也可以从我学习地理的过程得到验证：我对地理中"地图"一节的内容完全懵懂，就算是我在考试中取得了不错的成绩，仍不能证明我通透了这方面的知识。反过来，我的一个同事，却在这方面体现出了"天才"的一面，他对中国地理表现出惊人的熟悉，每一条铁路、高速，其走向，彼此之间的交叉、距离，烂熟于心。是不是他通过刻苦的记忆完成了这样的成就呢？完全不是，他的大脑仿佛就自带着一个导航系统。我不得不承认，他在这方面体现出与众不同的天赋。

也许有人问，既然你在这方面没有天赋，那你怎么会取得不错的成绩呢？一个人的成就关乎两个要素：天赋和热情。二者结合，才会产生更好的结果。比如，我就读时一直是个优秀生，但这并不代表我在所有学科上都有天赋。就物理、化学学科而言，我的成绩一直优秀，但背后付出的努力却是其他学科远远不能比的。是对优异成绩的追求成就了我，而非天赋。相反，语文、历史这样的学科，我可以轻松自如地应对，天赋就发挥了重要作用。这就能够得到一个结论：假如两个人在同一种事物上的天赋有着显著差异，经过同样的训练，或者付出同样的努力，结果可能有着天壤之别。

学校教育应该有一种信仰：从下苦力气挽救人的弱点，转变到寻找每个人的天赋。

朋友到芬兰考察，在一所学校门口看到了一个没去上课的初中学生。陪同的校长马上把那个学生叫过来，询问原因。那个学生告诉校长，他刚刚转学到这所学校，但他不喜欢，因为这里没有他喜欢的课程。让我这个朋友完全没想到的是，校长立刻答应，请他写出他希望开设的课程，他会马上着手安排落实。

这件事让我的朋友惊叹不已，她说，你有没有体会到一种"私人订制"的感觉？校长居然可以根据一个学生的兴趣开发课程，太不可思议了。我能理解她的惊讶，毕竟就国内的教育来说这是不可想象的。北京十一学校在国内基础教育界独树一帜，学校针对4000多个学生设计了4000多张课程表，这种"私人订制"性质的教育，就是最大程度寻找学生天赋的教育。这启示我们，要从狭隘的传统经验中跳出来，去建立一套能够针对每个学生个性化天赋开发的办学体系。

这个体系至少应该包括三个特征：

一是建设发现学生无限可能的课程体系。当一所学校具备丰富多彩、可以选择的课程时，学生的兴趣和潜能就有可能最大程度地保留下来，在不断地参与、尝试、磨合过程中，一个人自身的天赋就会自然凸显并被自己和他人发现。

二是创造允许学生自由发挥特长的舞台。无论是选课走班、自主学习、多种多样的社团活动，还是形式多样的学科类成果展示、文艺体育类演出或比赛，都能给拥有各方面天赋的学生提供机会，有效地满足每个学生的兴趣需求，让他们按照自己的道路去发展。

三是引导教师拥有发现学生天赋的眼睛。当面对那些看上去普普通通，没有什么天赋和亮点的学生时，一定要相信，人有一短，必有一长，要用更大的智慧去发现他们的潜能，为学生的天赋绽放创造空间。能让一个人感受到内在喜悦的事，往往就是他的天赋使命。当你发现一个学生正沉醉在"宁静喜悦"中，你也许正在接近他生命中的天赋密码。

第二章
发现教师的价值

> 办好教育的关键,第一在教师,第二还在教师。
>
> ——永井道雄

第一节
没有教师的幸福，就没有学校的未来

案例

一个优秀教师的巡回报告

一位名师分享的一段经历，让人感慨不已。

教师节，她被推荐在全市做巡回报告。彩排时，她的发言引发了争议。她强调，教师要做一盏不但照亮他人，也要照亮自己的灯，要做一名好老师，还要做一个好伴侣、好父母、好子女，工作并非全部，好的生活与优质工作并不矛盾。这样的言论"惊到"了在场的领导，因为这是全市优秀教师巡回报告团，当然要传扬主流的价值观，她这样的思想，能不能讲，引发了激烈的争论。最后在评审团一位资深教育专家的坚持下，她才得以登台。

六个演讲者，另外五个人的演讲的内容和风格与她的截然不同。用她的话说，另外五个人才是领导眼里真正的"奉献者"：带病坚持工作，最后累晕在讲台；婆婆生病，无人照顾，她给公婆雇保姆，从未耽误一节课；孩子小，强行断奶，含泪工作，却无法陪伴孩子……尤其是一个男老师，排在她前面演讲，谈到自己带高三，父亲病重，他为了不影响学生的学习，毅然决然没有回家探望，结果连父亲最后一面都没见到。

这件事对她冲击非常大。在接下来的演讲中，她临时改变了自己的发言内容：我也被刚才这位老师的演讲震撼了，为了孩子，我们的确付出太多，但如果是我面临这样的事，我可能会做出不同的选择。一个优秀的老师，应该首先是一个有着正常生活、正常情感的人，如果只知道工作，不知道生活，只需要劳动，不需要休息，只可以奉献，不允许索取，这样的老师不是"人"，而是"神"。剥夺教师的七情六欲，永远培养不出真正人格完善的人。（满场响起了热烈的掌声）

事后，那个发言的男老师主动联系了她，对她敢于直言表达了钦佩之情，并且说：其实他讲的并不是实情，是他的领导要求他就得这样讲，这样才有效果。跟她说这番话，是希望她理解自己的苦衷。

让教师远离"被幸福"

这个故事让我久久难忘。如果"生病不能去看""没有自由时间""无法陪伴亲人、照顾孩子"成了社会公认的优秀教师的标准，又有多少人能够喜欢上教师这个职业，并愿意全身心投入其中呢？

不少调查数据显示，教师的整体幸福感不高。在《小康》杂志的问卷调查中有这样一个问题：如果具备再次选择职业的所有条件和机遇，作为教师的您，会愿意转行吗？38%的受访教师有所动摇，选择了"可能会"；37%的受访教师已经考虑成熟，选择了"一定会"；只有25%的受访教师选择了"一定不会"。身在教师队伍中的人，对"教师是幸福的"这个判断，大多投了反对票。

有人说老师"很有地位"，被称作园丁、蜡烛、春雨、灵魂的工程师。可是教师已被架上"道德的圣坛"，只要当上教师，就该脱胎换骨，就必须把牺牲自己成就他人作为崇高的理想：教师不就应该安贫乐教吗？不要因为绩效工资没有全额发放就上街闹，这与老师的形象不符。同时，教师又被踩进"污名的泥坑"：你们这是师德沦丧啊，教师节怎么成了"收礼节"？"上课不讲，下课补课"，成何体统？口诛笔伐中，貌似一切成了百口莫辩的事实。媒体一面报道着全社会如何尊师重教，一面极尽所能，抓住个别教师的现象死死不放，不把教师群体钉在耻辱柱上誓不罢休。如此充满悲壮色彩，幸福何在？

有人说教师"很清闲"，每周双休，一年两个长假，悠闲自在。可实际情况呢？"朝七晚七"，工作时间超长，假期也动不动就被强行要求上课、培训，遇到领导视察，就要大扫除，搞活动，周末和节假日也不能休息。这种情况下，又凭什么得出结论"教师是幸福的"？

再有就是教师的待遇。一到教师节，全国上下大张旗鼓地宣传教师的待遇如何"提高"。但实际是这样吗？据我所知，在全国很多省市，特别是三四线城市和偏远农村，老师的工资还低得可怜，一个月两三千块的大有人在。当一个老师无法养活自己，还要依赖父母和家人的支持才能正常生活，尊严何在？没有尊严何来幸福？

不要把这些问题全部推给社会分配制度，推给上级领导。实际上，很多学校的管理者，也在不遗余力地把老师推到"被幸福"的泥潭中。

有一次，我到一所全国名校考察交流，校长大谈特谈教师的"奉献精神"。这是一所寄宿制高中，巨大的升学压力导致这所学校畸形的管理模式。学生一个月放假两天，每天五点多起床，晚上十一点熄灯，白天九节课，晚上四节课。老师与学生同吃同住，完全是一样的作息时间。校长非常自豪地说：老师们没有时间谈恋爱，没有时间回家陪孩子、家人，但他们都自觉自愿，动力十足，毫无怨言，充满"幸福感"。

听到教师如此的"幸福"，我不敢苟同。我们姑且认为这所学校的老师具备了超凡脱俗的"崇高境界"，但这样的劳动强度，带来的是什么呢？教师的生命质量在哪里？教师的身心健康能够保证吗？这一切不过是牺牲了教师作为一个正常人的需求，狂热追求分数的畸形表现。苏霍姆林斯基有一句名言："只有调准了弦的小提琴才可以演奏。"如果教师过度消耗、透支健康，极易导致职业倦怠。试想一个幸福指数不高、对工作缺乏激情的教师，能唤起学生对生命的愉悦和美的体验吗？能激发学生对生命价值的追求吗？这位校长口中教师的"幸福人生"，充其量是一种被规定的幸福罢了。

再谈谈变了味儿的教师节。大概十五六年前的教师节，我被评为市里的十佳教师，要在大剧院举行隆重的颁奖典礼。如此"高光"的时刻，却让大家"如鲠在喉"。典礼九点半开始，所有受奖人员，不到七点就在剧院门口进行彩排：如何站队，如何微笑，如何挥手，一遍又一遍。中青年教师还好，有些年长的老师，站上两三个小时，几乎体力不支。好不容易熬到快十点，领导终于来了，面带微笑，冲大家频频挥手，从红地毯上一晃而过。敢情大家给领导整了一个欢迎仪式，而非领导接见优秀教师。大家佩戴着大红绶带，在太阳下汗流浃背，笑容僵硬地站立着。而马路旁边，很多路人驻足观看。那感觉，活像一场"猴戏"。

在这样的场景中，教师显然成为了领导们炫耀尊师重教的"工具"，"被崇高"、"被激动"、"被幸福"！

教师也是常人，过的是普通生活，崇高的师德、幸福的感受，主要诞生于生活的细枝末节。将师德建设等同于"劳模化"的事迹教育，将师德窄化为抛妻别子、丢家舍业，这样的价值取向和师德观不利于教师的可持续发展。"被幸福"的教师，怎么可能以自己的生命之光，去点亮学生的未来？

一所学校的管理者，要把教师的幸福感作为一个重要的课题加以研究。教师脸上有笑，心里美，他们才会以"人"的状态真实、优雅、有尊严地活着，这样的校园，也才有人气、有人味儿，才会充满生命的气息。

评价教师要多一点温度

我在筹建新学校的过程中，聆听网络设备商家的产品介绍，负责推销的小伙子一直强调，他们的设备具有良好的监控功能，学校内所有的电脑上网，都在他们的掌握之内，什么时间浏览了什么网页，聊天多久，逛了什么购物网站，一清二楚。我忍不住说，你们这些设备的最大优势是能够提供技术支撑，轻而易举地剥夺老师的自由吗？小伙子很惊讶：是啊，很多学校采购设备时，都对这样的功能高度认可，不少校长知道能做到这些，都很"兴奋"啊！

"兴奋"一词，着实刺耳。一个对老师"严防死守"的管理者，会考虑教师的内心感受吗？一个不被"信任"、时时处处被监督着的透明人，能够真正幸福吗？

答案一定是否定的。

我一直主张学校的信任文化、尊重文化。没有信任和尊重，恐怕就没有教育的存在。教师得到尊重，才会焕发工作的积极性、主动性、创造性，反过来，他们也会尊重领导，尊重同事，尊重学生，整个学校会因此洋溢着人性的光辉。要知道，教师不应仅仅是被管理的对象，还应是学校管理与经营的主人。那些主张实现无缝隙监控的管理者，很难想象他们能够让教师参与学校的制度建设与文化建设，让教师充分享有学校事务的知情权、质询权、监督权、反对权，也很难想象在"猫捉老鼠"游戏般的管理模式下，教师能够拥有主人翁的感觉。

管理者不应仅仅看到教师是否违反纪律，是否偷懒耍滑，还应该学会换位思考，看到教师面临的实际问题与困难，多一些工作和生活上的关怀与帮助、身体和精神上的关心与慰藉。将心比心最重要，一个渴望剥夺教师隐私和自由的校长，不妨扪心自问一下：我能够做到时时刻刻都处在工作状态吗？我有没有在工作时间处理一些私事，偶尔休息一下，玩玩电脑，看看手机？如果自己做不到每分每秒都专注于工作，又有什么资格和权利以此要求别人呢？

职业的特点，决定了教师常常倾向于从精神领域来获得尊严，如别人对自己工作的认可、公正的评价等。教师是个很容易满足又具有奉献精神的群体，当你对他工作上的弱势表现出宽容与帮助，对他付出的努力能够认可，他就会回报以真诚的付出。

这就涉及一所学校对教师的评价这一话题。不同的评价方式，会带来不同的结果。

我去拜访一位校长，他拿出一本《师德评价手册》，骄傲地向我介绍，这是他在学校做的探索，得到了上级教育行政部门的充分肯定。我认真翻看手册的内容，主要是针对教师的师德表现实行量化考核。比如工作态度、是否爱学生、有无体罚行为、是否违反有偿补课的规定、是否参与各类传销活动等等，均纳入考评标准。考核结果将作为个人奖惩、职称评聘的依据，考核不合格者，不得参与评先、晋升职务。

其实这样的做法算不上什么"先进经验"了，量化考核，似乎成为了学校管理的法宝。德、能、勤、绩，每个项目赋予若干分值，将各项得分相加，得出考评总得分，将其与教师的职称评定、绩效工资发放以及各种荣誉挂钩。但连是否"爱祖国""爱人民"，是否"爱岗敬业"都要用数字来量化统计，总给人怪怪的感觉。假设两个老师一个得了95分，一个得了94分，是不是就能得出结论，两个老师的"师德"水平不同？如果这样的得分结果，直接决定着对教师的评价，甚至影响到教师的个人待遇，最终带来的结果是什么？这样的评判机制是不是真的能激发教师去追求良好师德的积极情绪呢？

未必！

或许，这样一个结论很多学校管理者也能意识到，但为什么大部分学校仍然热衷于量化考核呢？我想这是逃避矛盾的"懒政思维"在作怪。数字是最有说服力的，清清楚楚摆在那里，你不如人家分高，还能不服？这样操作，省时省力，又可以让管理者高枕无忧，对其背后的不公正、不客观，干脆选择无视。

教师做的是心灵对接的工作，这注定了其内涵的复杂，除了备课、上课、批改作业、辅导学生、命制试卷、组织考试等具体的教学工作，还有个别谈话、家访等工作，学校、家庭、图书馆、楼道、校园，甚至大街，都可能变成教师的工作场所，跟学生的每一次接触，都可能变成教育的内容。再细致的量化方案，也不可能全部涵盖这些内容。如果将教育教学简化为像工厂生产产品那样，期望以"计件"方式来评判教师的工作业绩，显然并不科学。

用一把尺子来评判事物的优劣，看似公平，实则因为没有充分考虑相关要素，结果往往并不可靠。比如评价教师的教学成绩，最简单的量化方法就是看记分册上那个简单的分数，以平均分或优秀率高低来决定一名教师是否"优秀"，这是很多学校通常的做法。但就两个班级而言，可能存在学生起点不同、人数有差异、教师能力水平有强弱，这些因素与最终成绩息息相关，但却被直接忽略。只将教师能力与分数作为简单的因果关系看待，这样的评判结果往往不能令人信服。

我坚持认为过于精细的量化考核，是违背教育规律的。我曾亲眼目睹，原本有着鲜明个性的老师，为了追求现实的考核高分，在量化条目的指引和控制下，迫不得已放弃了自己的风格，变得平庸，泯然众人。我也曾屡屡发现，在量化考核的大旗引领下，相当多的教师被功利色彩绑架，不顾一切、不择手段地追求数字的最大化，心态浮躁，价值取向扭曲，身心健康指数下降，事业追求被利益驱动代替，甚至造成学校教师团队人际关系紧张。这些，都成为一所学校走向失败的重要原因。

教师是有七情六欲的人，不能期待用冰冷烦琐的制度控制教师，将教师牢牢捆缚在管理者限定的围墙之内，没有温度，没有"人味儿"，说白了就是不把老师当人看。这样的管理会令老师"深恶痛绝"，但又"敢怒不敢言"，最终导致学校信任文化缺失和教师主人翁意识不复存在。

不要片面追求考核效果的可比性，也不要盲目追求考核的精细化，有时候多那么一点点"模糊"，多那么一点点弹性，反倒更有效果。所有的评价都应该是一个方向，那就是帮助教师成长，而不是简单地区分好坏。所有的管理都是一个目的，要促成教师朝向真实、积极向上的"人"，而不是把教师变成一架冷冰冰的"机器"。

需要谨记，学校不能成为温暖教师心灵的地方，教师就不可能成为自觉传播美好的人。

要做教师心灵的守护者

某次培训现场交流，有位校长问我：如果校长的精力只能做好一件事，您会选择做什么？我当时的回答是：我要更多地跟老师聊天，做好教师心灵的守护者。

我的答案，把"人"、把教师放在第一位。因为"人"的教育，实质上永远靠"人"，靠有完整人格和心灵的好老师完成。那些具有宽广的胸怀、深刻的思想，并能将其传递给学生的教师，才能真正塑造学生的灵魂和人格，改变学生的人生。

不少校长苦心追逐教学模式、教学策略等技术手段的变革，结果并不理想，为什么呢？我想，很大程度上是因为忽略了对人的关注，对人心的经营，因此无法触及教育的本质。

被誉为"经营之父"的日本著名企业家稻盛和夫写过一本非常有名的书——《六项精进》，去翻阅书的目录，就能发现一个奇怪的事：这本书的六个章节分别是"付出不亚于任何人的努力""要谦虚，不要骄傲""要每天反省""活着，就要感谢""积善行、思利他""不要有感性的烦恼"，完全没有谈现代企业的制度建设、组织架构等内容，反而都是在谈对"人"的理解，对人性的认识。这非常深刻地揭示了管理的本质：对人心的经营。

作为学校的管理者，能够让人文关怀到达教师内心深处，这种关怀才能传递给学生，这就是所谓的"以爱生爱"。教师的生存状况、生活质量与工作绩效一样，值得管理者高度关注。

很多教师每天看似只上几节课，其实，备课、批改作业、制作课件、撰写论文、教研进修、管理学生、处置突发事件等，要耗去他们更多的时间和精力。更让教师疲于应付的是，校内外形形色色的各种考核、达标、检查、验收、评比，让学校成为了"迎检专业户"，平安校园、法治校园、文明校园、绿色校园、食品安全放心校园、智慧校园、健康学校、教育装备示范学校、语言文字规范化学校,甚至创建文明城市、卫生城市、森林城市,应接不暇。加上一些地方和学校对"分数"和"升学率"的片面追求导致教师拖堂、补课、占用一切可以占用的时间、超量布置作业等,这既让学生"雪上加霜",也让教师的负担日益加重。这不但分散教师的精力,也容易导致教师强烈的职业倦怠感。

在2019年年初全国教育工作会议上,教育部长陈宝生表示,要把为教师减负作为一件大事来抓,教育部将出台中小学教师减负政策,要把教师从"表叔""表哥"中解脱出来,要把时间和精力还给教师。陈部长的表态给老师们带来了一丝希望,但需要追问一步的是:教育部长对学校拒绝"表叔""表哥"是支持的,但是学校能拒绝地方教育部门下发的各种表格、各种附加任务吗?校长由上级主管部门选拔、任命,考核、评价、晋升权都在上级主管部门手中,不去执行上级的行政要求,校长的位子还能保住吗?因此,很多校长,对强加在教师身上的各种莫名其妙的负担,一边抱怨,一边却又迁就迎合,没有说"不"的勇气,没有让相应的干扰得以消解的智慧,甚至"自觉"加码,以求得上级领导的认可,丝毫看不到对教师的关爱,更别提对教育形象与尊严的捍卫和保护。

在学校管理过程中,我一直面临这样的挑战。我向老师们郑重承诺,我就是"一堵墙",会尽自己最大努力去阻挡来自外界的干扰,对各种与教育本身无关的事务,能推则推,能减则减,我会跟上级部门据理力争。当然,对各种检查、评比、填表、整理档案等,如果实在无法逃避,我会成立专门的临时"应对组织",用极少数人专门做这些事,而不会轻易将全体老师卷进来。我坚持认为,一个想方设法为"教师减负"的校长,才算得上真心敬重每一个教师,才能让以心换心的良好文化在学校形成。

在跟我的管理团队交流时,我一直主张一个观点:管理者要具有温暖教师心灵的力量,要有勇气、有能力做教师负面情绪的垃圾桶。

在学校,我的办公室曾被同事们戏称为"哭屋",经常会有老师在工作中遇到各种困难,到我那里去哭诉。而我,总是耐心地倾听。到后来,不仅仅是工作的问题,家里遇到婆媳不和、跟家人闹别扭、孩子不听话,他们也愿意跟我来说一说。其实,大多时候我根本不能解决什么问题,也不能给他们实质性的帮助。但他们依旧很知足,很感激。这说明,很多时候,我们的老师不一定追求问题的解决,而是寻求倾听和理解。他们感受到理解、包容、尊重就可以了。我见到不少的管理者,最烦听老师们诉苦,怕累,怕麻烦,也就失去了走进教师内心世界的机会,真正意义上的管理也很难发生。

我还喜欢用微信或者短信留言的方式与老师交流。当我知道一名老师经历了某些事情,心理状态复杂的时候,我会给他留言,给些慰藉,这样的沟通,往往会产生意想不到的效果。

知道你有着对课堂的真知灼见,认真听取大家的意见不代表全盘否定自己,有时候坚持自己的风格才会找到自己的出路,不自以为是,但更不能妄自菲薄。(一次语文学科评课之后)

知道你心里委屈、难受,甚至不理解学校的处理方式,我只想告诉你,这是一个人成长的必经之路,当过段时日你回头再看这件事,也许会有新的认识,会有新的收获。(一次家校矛盾处理之后)

上午你表现非常好,虽然只差了 0.01 分,没拿到奖有一点点遗憾,不过你的表现赢得了大家的尊重,我听到大家都在议论你的出色,为你骄傲。(一次论坛活动之后)

我相信,这种温暖而真诚的话语,能够给人以关怀、尊重、信任和体谅,使教师获得丰厚的精神报酬,从而克服工作中的惰性,有动力、有韧劲、坚持不懈地往前走。

做好教师心灵的守护者,这种来自管理者的温度,将由教师传递给学生,传递给家长,传递给同事,传递给身边的每一个人,一所有人性温度的学校自然便会诞生。

第二节
教师是"人",而非工具

▌案例

不肯站在"大局"的高度看问题的老师

我在某中学工作的时候,分管教学的是一位副校长,年龄偏大,古板,思想有些僵化,有较浓的长官意识,处理问题时很强势。

他认为,教学成绩是一所学校发展的基础,应该不遗余力地要"分数",要"升学率"。依据各个学科在中考中不同的分值比例,他将其划分为"三六九等",对那些"不重要"的学科,总是想方设法排挤、忽略。

有一次,为了体现重点学科和非重点学科的区分,这位副校长对各学科的作业布置、自习辅导等进行相关调整。一个历史学科的备课组长,对他的安排有不同意见,开会结束后,当场提出自己的异议,并进行了有理有据的分析。或许是自己的权威受到了挑战,这位副校长非常恼火,他在辩论占不到上风的情况下,使出了自己的"撒手锏":我主管教学,教学问题我说了算,你要站在"大局"的高度看待这个安排,没意见要执行,有意见也得执行。

偏偏那个年轻的历史组长也是个有个性的人,不吃这一套,副校长抬出"大局"这样一个大帽子来压人,反倒一下子激怒了他。

两个人为此争执起来。

沦为"工具"的教师

当一所学校的管理者过分强调"执行力"的时候,其代价很有可能就是教师创造力和个性精神的丧失,因为"执行力"的一个潜台词就是:你只需要按我说的去做就可以,我不需要你的思考。

这让我想起工业革命初期,资本家亨利·福特曾有一句臭名昭著的话:"每次只需要一双手,来的却是一个人。"这句话真实地道出了在程序化、流水线协作方式下资本家的心声。那种生产模式下的工人只需要用一双手按部就班、机械地、乖乖地劳动就是了。所谓精神世界、情感、被尊重与信任的需求无从提及,说白了,资本家不需要有血有肉的人,他们需要的是一架冰冷的机器。

可怕的是,在我们的学校里,又何尝不是如此呢?教师往往不是学校的主人,而只是学校的雇工;被学校推到应试教育的流水线上,按照统一的要求、统一的标准,去制作学生这个"产品";没有独立思考,没有独立见解,经济和事业命脉被领导掌控,工作内容、工作思路被上级规划,成为教科书的传声筒和复印机,离开课本,离开教参,根本不敢站上讲台;明知教育中存在的种种逻辑错误,没有对真理的坚持、对规律的敬畏,没有据理力争、拍案而起,有的只是"事不关己高高挂起",甚至助纣为虐、推波助澜。

大部分教师,无非当代教育所需要的工具而已。

不可否认,在学校中,大部分教师已经丧失了自主选择的权利。长期以来,学校实施"自上而下"的管理方式,操作模式的统一化造成教师发展的被动局面,原本安静封闭的、自由王国式的课堂被各类专家的话语和新理念所左右,"被模式化"的课堂教学常常成为迎合领导的刻意表演。"课堂只允许讲五分钟",否则就算"教学事故",无论这样的课堂管理有着多么好的出发点,其违背规律是显而易见的。教室里的摄像头、教学管理人员手里的秒表成为了教师头上的"紧箍咒"。教师个性张扬的空间越来越小，逐渐迷失在日益工厂化和程序化的教学之中。这种迷失带来了教师对自我存在的否定和专业生活意义的怀疑，"我是谁"的疑惑困扰着很多人。

教师的工作时间被任意"剥夺"。"5+2""白+黑"模式成为教师的常态，"披星戴月""两头不见太阳"是很多教师真实的生活写照，无节制地加班加点变得理所当然。学生从早读到晚自习，一天之内要上十几节课，中午也没有自由休息的时间。而对学生的管理和教育主要依靠教师的劳动。不仅如此，政府拆迁动员可以让老师出马打头阵，环保需要过关老师可以上街打扫卫生，评选文明城市，老师们，请到马路上去站岗，维持一下小商小贩的秩序——还有什么事是教师"不该干"的吗？师德的高帽一戴，尽可一味地强调工作的"上限"，但人的生命长度是有限的，这些司空见惯的侵权行为凸显着教师的"工具性"。

此外，对教师"情感、言论"的绑架，也在大幅度地让教师沦为"工具"。曾经在网上热传的"小学生给老师打伞"事件，当事女教师不仅遭到人肉搜索，还遭到许多充满"正义感"的网友的抨击："现在的老师也真是牛了！""霸气女教师，你摆的什么谱？""敢情你是个领导呀！"……接下来就是教育行政部门介入，女教师痛哭流涕地道歉。原本师生间"美好和谐"的一幕，就这样被领导批评，被网络示众，被"全民"声讨，带来的恶果就是教师情感的丧失与接下去的墨守成规。网上对教师"肆意丑化"，男教师猥亵女学生、女教师不守规范、教师剽窃论文、体罚学生、上课不讲下课讲，甚至把教师定位于十大丑恶职业之列，这种铺天盖地的"情感、言论"绑架，极大抹黑了教师形象，教师只得低眉顺眼，以求平安。

有一篇文章中有这样一种观点：

教师身上还有什么？一张会说话的嘴，一个比计算机略微更具灵活性的大脑，然后就是一个活动的身体，一颗僵死的心。

这是一个不需要教师发声的时代，教师只是应试教育，甚至是某些校长、局长升官发财、捞取名誉的工具而已。观察教师队伍的状况，他们大多像陀螺一般陷在繁杂的工作里，却极少思考工作的意义所在，像电影《摩登时代》中卓别林饰演的那个流水线上负责拧螺丝的工人一样，从事着机械重复的劳动，已经让肌肉形成记忆，所做的一切不过是出于习惯。教师的人格被异化，个性被磨灭，很多教师对于争个孰是孰非的问题早已学会了沉默，练就了麻木。更有甚者，一边心甘情愿地做着"工具"，一边为自己的"工具属性"摇旗呐喊。

而学校管理者，则大多陶醉于教师这种"听话"的状态，因为这恰恰满足了学校生产统一规格学生产品的流水线式工作模式的需要。就像前文所讲，教师成为了学校雇佣的一个"器官"，能够按照要求去流水线操作就可以了，何须思想和个性？

今天，人类社会已经发展到互联网时代，协作方式与经济运作模式都已发生天翻地覆的变化，人类社会的认识也在不断进步，作为人的主体价值被提到了前所未有的高度。于是，我们可以自然推演出这样的结论：一个真正的学校管理者，不会把眼前的教师仅仅当作一个只知道执行制度和流程的"机器"，而是看成一个有血有肉、有情感、有智慧的"活生生的人"。安排教师完成任务，就需要顾及他的情感，就需要调动和发挥他的主观能动性与聪明才智。让教师深陷于严格遵守制度和流程，而不能有独立见解与实践的权利，等于只雇了他的双手，却没有雇他的大脑。

但是，在"严苛的纪律、密不透风的检查、大棒高压的政策"仍是学校管理主流思维的情况下，教师作为"人"的价值如何得以体现？

还教师精神的自由

何为"教师精神的自由"？我的理解是，教师能够排除来自各种权威的强制、干涉和规训，只遵从正义、责任和良心，在真善美的文化传承和价值引领中，努力促进学生实现自我潜能的持续生长，最终指向自由个性的实现。

身体疲惫，地位卑下，生活困顿，对教师来说，并不是最痛苦的。精神层面难以忍受的压抑和摧残，才是教师的最大不幸。只有为应试教育"鞠躬尽瘁，死而后已"的义务，自身的权利则被剥夺得荡然无存：没有选举权，校长是上级任命；没有布置作业权、考试权，集体备课，要求统一；流行精细化管理，上课要量化，作业要量化，做学生思想工作要量化，考试要量化，教研要量化，继续教育要量化，评优晋级要量化，让人晕头转向；职称评定，备受折磨；家校冲突，教师成为"弱势群体"……

各种不满、各种批评，铺天盖地而来，精神世界不得安宁，战战兢兢，如履薄冰，度日如年，哪里还有什么"人格尊严、精神独立、思想自由"？

因此，开启教育中的"寻人之旅"，寻找教师丢失的"精神自由""心灵自由"，还给教师独立思考、思想创新、实践探索的权利，应该算是起点之一，也是当务之急。

第一，要尊重教师的话语权。一所"一言堂"的学校不可能是"精神自由"的生存之地，教师真正参与学校的决策，"话语权"才有了真正的体现。

有一位校长朋友刚刚调任到一所学校，学校原来的绩效分配方案问题重重，老师们意见很大，她认为必须作出调整。但如何调整，调整以后大家会如何反应，她实在吃不准。是继续保守延续原来的做法，还是冒险推行新办法，她拿不定主意，想听听我的意见。

我跟她说，这件事并没有想象中那么难以解决，关键问题在于，她最终采取的方案，一定要让教师的意见参与进来，而不是自己"闭门造车"。一方面，对绩效分配中的利弊，应有来自教师群体的认知，他们的意见会为方案的进一步优化提供可能性；另一方面，教师真正参与进来，对决策的意义、作用有了更深刻的认识，有助于认同并自觉地执行决策。至于不同教师群体利益诉求上的矛盾，在大家真正参与的过程中也更容易相互碰撞、得到消解。

教师不能是学校的"被改革者"，而应该成为制度建设的参与者和实施者。学校要设计教师参与机制，使教师在整个教育管理改革中保持"话语权"，即学校管理改革的每一个环节，都有教师的参与，都有来自教师的观点和建议，使每一个决议都具有很高的操作性和信任度。

第二，要赋予教师评判权。在学校里，基本都是管理者评判教师，年终教师述职，领导评判优劣，写进个人档案或者以物质奖惩来兑现结果。这似乎是天经地义的事。教师极少有对学校管理者、对校长的评判权。我谈到这个问题，很多校长不理解：我们有上级部门来评定工作啊，把这个权利给老师，一旦胡乱打起分来，对我们而言就太不公平了。这样的言论存在两个逻辑上的误区：第一，最了解校长的人应该是朝夕相处的老师，不让最了解的人去评判，说明这个制度本身存在漏洞；第二，怕老师"胡乱打分"是一种心虚的表现，如果一个管理者"行得端，走得正"，又何必担心得不到公正的评价呢？

最近几年，我在自己主政的学校坚持实行"校长信任率"和"中层干部信任率"投票制度：

校长"信任率"全员投票制度：信任率低于80%，校长自动辞职。

中层干部"信任率"全员投票制度：信任率低于60%，将进行免职处理。

这是我给自己戴上的一个"紧箍咒"，我要求自己，在学校管理中要时时刻刻把教师放在第一位，让决策更加民主化，让执行更加人性化，这样才能保证得到更多人的信赖和支持。

第三，要给予教师信任感。一个被信任的人，更容易充满工作的热情和创造力。在《我，就是教育》一书中，我曾经记述过这样一个故事：

在我工作八年后，我调入教研室当了语文教研员。那年我26岁。这样年轻就做了教研员在当时是不可思议的。自然，我也成为了重点"被怀疑"对象。到教研室以后，马上就面临着中考分析会。这个会议面对的是全体初三语文教师，几乎就是全区语文教师的"精英聚会"。会议将对过去一年的中考进行剖析，对新一年的初三语文工作做出规划。主任非常不放心我这个"新兵蛋子"的第一次公开亮相也就可以理解了。于是，活动前，主任派了一位德高望重的老教研员为我压阵。当然，为了避免我的尴尬，主任的理由是我不了解开会地点的情况，所以让老同志带我去，帮我组织一下。我心里却像明镜一般，这不是明摆着对我的不放心吗？

已经是二十多年前的事了，但当时背后那双眼睛盯着自己、如芒在背的感觉仍记得清清楚楚。将心比心，我深刻认识到，工作中被领导"审视""不放心"和"指指点点"，会带来怎样的感受。

作为管理者，因为有着丰富的阅历和经验，往往喜欢把这些东西一股脑儿地交给老师，以便他们少走弯路。但很多时候"好心"并不一定带来"好结果"。有一次，我组织家长会的预备会，考虑到年轻人较多，就安排一个有经验的老班主任提前备了课，从家长会的准备，到整个流程、交流内容、课件制作，提供了翔实的样板。会后，一个年轻的班主任笑着对我说：王校长，您考虑得太周到了，我原来还想好好准备一下，现在拿来用就可以了。说者无心，听者有意，我突然意识到这种安排的问题所在：不停地提要求，强调太多的规则细节，是不是阻碍了教师的主观能动性呢？出发点可能没错，但最终的效果呢？长此以往，如何促成他们对自我价值的认同呢？

这件事对我触动很大。华东师范大学周彬教授认为，教育教学其实是一种"使命"，而目前教师缺失教育使命感是因为教师在教育教学中的自主性越来越少，获得的信任和成就感越来越少。工作布置过于精细化，其实也是不信任教师的一种体现。就像人吃饭一样，胡萝卜有营养，但不分青红皂白，让大家按照一样的食量、一样的做法去吃胡萝卜，却不一定是正确的选择。我们的管理中有太多这种"一厢情愿"的事，其实背后隐藏的一个逻辑，就是不放心、不相信，同时不允许每一个教师有"不一样"的想法。而这样的逻辑，反过来妨碍了教师"精神自由"的存在。

此外，要赋予教师选择权。多提供一些菜单式服务，让教师自主选择。例如，学校开展校本讲座，可以将本年度的计划呈献给教师，由教师根据自己的需求选择相对应的培训；再如，学校开展读书活动，没必要限于教育书籍，大家可以跳出教育看教育，呈现出百花齐放的思想盛宴。对不同教师的个性需求，学校也可以提供一些服务，比如开展"读书沙龙、厨艺沙龙、育儿沙龙、摄影沙龙"等等，让教师保持丰富的一面。对教师的评价也可增添自主内容，让教师根据自己学期初制定的行动目标自主细化评价指标。

团队成员的个体生命质量影响着一个集体的整体质量。选择权越多，人就越自由，而一所学校也就越接近教育的本质。

强化"教师第一"的管理理念

在一次校长培训班上，我设计了一个情境性问题，请现场的校长回答：假设有一位教师和一名学生发生争执，两个人情绪激动，找你去评理，你认为该批评老师，还是该批评学生？一位四十来岁的女校长站起身，斩钉截铁地说，这还用问，当然是批评教师，"一切为了学生"，学生是学校的主人啊，而且教师是成年人，师生发生冲突，自然要承担责任。台下一片哗然，大家议论纷纷，意见不一。

教育界所谓"新理念"的不断推陈出新，造成部分学校管理者思想的混乱，走在偏离常识的道路上。譬如，当不断强化学生主体、学生中心的时候，到底应该把教师放在什么位置上？在不少学校，铁一样的事实冷冰冰地存在着：学生违反校规校纪，本应受到相应的处罚，却把板子打到教师身上；家校之间产生矛盾，本来是家长无理取闹，却要处分教师；以学生分数为主要内容的考评机制，常常令教师感到压力巨大，身心俱疲。这种情况下，教师根本不是具有自主权、主体地位、独立人格的人，而是受人差遣、训导的附属品、雇工甚至"工具"。

澳大利亚墨尔本大学约翰·哈蒂教授出版过一本全球有名的著作《可见的学习》，他对800多份研究报告中影响学业成就的因素进行综合分析，并将这些因素放在同一把尺子上进行考察，这就是国际著名的"哈蒂排名"。细看这个排序，就会发现对学业成就影响最大的不是教育者热衷谈论的课程设计，也不是学校着力改善的学校环境和办学条件，而是与教师和教学相关的因素。哈蒂教授综合迄今以来教育实证研究中获得的重要证据和结论，指出：教师最重要。

的确，教育是塑造人的事业，塑造学生美好的人生，是我们不懈的追求。可是，这一切都只能通过教师来完成。用幸福才能塑造幸福，用美好才能塑造美好，谁都没有办法改变这一点。教师是教育者，学生是受教育者，从二者的关系上看，当然应该是"教师第一"。因为无论是教育方针的贯彻落实，还是教育目标的实现、教育理念的践行，都需要教师从每天的备课、课堂教学、作业批改、学生管理做起。没有教师日复一日、年复一年的工作，无论多么崇高的教育目标，多么先进的教育理念，都难以落实到学生身上。教师的思想境界、专业知识、教育教学能力是促进学生成长、成才的保证。

如果长年累月生活在学生中间的教师，生活狼狈，心情压抑，脸上看不到笑容，他们会给学生带去什么样的潜移默化的影响呢？结果可想而知。

李希贵校长曾写过一本书《学生第二》，其核心观点是：只有把教师放在第一位，教师才能真正把学生放在第一位。后来他又写了一本书《学生第一》，这是从教育的角度来说的，两者并不矛盾。教师第一的最终目的是实现学生的主体地位,把校园变成学生的乐园。所以"学生第二"和"学生第一"分别是从管理学和教育学角度来写的,殊途同归。李希贵校长主张在管理中主动把教师放在第一位,要建立一个激励型的教师团队,把教师变成一个成长的共同体。没有教师生命质量的提升,就很难有较高的教育质量的实现。把教师放在第一位,关心教师的生命幸福,从某种程度上说也就是在关心学生的生命幸福。

把教师放在第一位,首先要为教师"减压",关注教师的身心健康。要减掉教师工作中相对无效或低效的部分,如每学期家访记录多少次、转差记录多少次,师德笔记几万字、业务笔记几万字,论文几篇、心得几篇、反思几篇。这些事务花费了教师大量时间,但基本属于疲于应付,产生不了实际效益,甚至带来教师的身心健康问题。没有精神健康的教师,何来心态阳光的学生?因此,"要更重视教师心理",这是"教师第一"管理思维的底线。

还要少些量化评比。对于教育这种技术性很强的工作,实际上是无法完全量化的,如果没有教师在课堂上自觉的、充满激情的、有创造性的发挥,教学的质量和效率几乎无从谈起。例如,在教学常规考核制度中对教师听课活动的要求,应摒弃简单的数字模式,对听课次数未必非要硬性规定,激励教师多参加听课活动,对别人的课堂教学能作出准确且个性化的评价。这样的激励策略让教师不再伪造听课记录,积极参与听课,评价语言也告别了千篇一律的空话、套话,能够大大提高教师的听课质量。

再有,要少些限制,多些引导。对于工作细节中的行为偏差,尽量不要用过多的"不准"来要求教师,而应该注重引导,增强教师的认同感,促使他们自觉规范教学行为。比如,针对教师上网聊天、玩游戏等现象,不必就此限制教师的上网时间和内容,不妨引导教师从健康和提高备课效率的角度去规范:长时间上网不利于教师的身体健康,应控制上网时间;要做到网络"为我所用",上网查找有价值的教学资料,提高备课效率……类似这样的人性化规定,由"硬性"的制度约束转变成"柔性"的教育引导，自然能够引起教师的情感共鸣。

　　此外，尊重教师的发展权也很重要。有些校长以经费紧张为由，不提供学习提升的机会，这种"光要鸡下蛋，不让鸡吃米"的做法，也不是把教师放在第一位。要注意引导教师实现生命主体的持续健康发展，例如，可组织教师的发展定位讨论，促使教师写出职业生涯规划，进行性格、优势、劣势等分析，提出教学、教育、科研、进修、个人特长、职称、荣誉、个人生活等方面的发展目标，对近期、远期目标进行思考和规划，以现实的行动赢得人生的精彩。

　　被誉为"经营之神"的松下幸之助说过一句名言：松下公司主要是制造人才，兼而制造电器。对学校而言，可以理解为，管理的重心要由原来的以"事"为中心，转变为以"人"为中心。坚持"教师第一"，善待老师，关心他们的思想、生活、工作和学习，尊重他们的理想、追求和个性，减轻他们的工作负担和精神压力，维护他们的正当权益，将学校建成充满人文关怀的家园。教师在学校得到了生命的灿烂光彩，学生培养任务顺其自然就能实现了。

第三节
教师是学校变革的"最大变量"

▎案例●────────

一个老师的"蜕变"

小史老师师范院校中文系毕业,个子不高,外表清秀,比较内向。她被安排在初一年级教语文。那时候我是教务主任,去听她的课,准备挺认真,表现中规中矩。

期末统考,她的成绩在语文组列在倒数第一位。校长非常着急。我也明白,在急功近利的教育背景下,这样的成绩,首先"炸窝"的就是家长。果然,寒假里就有部分家长联名,要求换老师。我做了不少工作,才把事态平息下去。我跟她一起分析情况,又组织学生进行调研,发现学生们都很喜欢她。但她对学生相对民主,也不太习惯以应试的方式来教学,而是提供更宽广的阅读空间和机会。她经常采用让孩子们表演的方式呈现文本内容,却不善于抓考点,不强调死记硬背。虽然我对这样的语文教学方式持欣赏态度,但我也知道,应试教育盛行,不去适度改变,教学理想实现不了,恐怕自身岗位都难保。于是,我跟她反复沟通,试图寻找一条应对应试与发展学生语文能力之间的通道。

初一毕业期末考试,她的成绩虽然有所提高,但依然排在后面的位置。校长沉不住气了，要求我必须把她"拿下"。于是，她又重新回到初一年级，接了新班。一年下来，她再次体验到了"失败"的滋味。这对她的自信心产生了严重影响。跟她交流时，她游移的眼神、暗淡的情绪，让我深深不安。包括校长、语文组长在内的人，已经认定她只是一个平庸的老师。

但我并不认为她是教师队伍中的"差生"。她很认真，态度不错，有着良好的语文素养，功底比较深厚。问题就出在，她对单纯应试的教育方式持异议，不愿意把自己当作训练学生的"机器"，也不愿意用"标准答案"来固化学生的思维以谋求高分。在"分数至上"的学校管理中，她自然不受欢迎，难以生存。

一个暑假，我都在琢磨她的问题。我一方面要满足校长非常强势的"拿下她"的要求，另一方面又要努力不去伤害她对教育的这份难得的追求。如果简单否定她，也可能就代表着她的教师生涯刚刚开始就"死掉"了，这对她既不公平，也不负责任。反复斟酌之后，我有了一个大胆的想法。那时候，戏剧教育刚刚在全国兴起，而她是大学戏剧社的成员，有兴趣，有经验，也多次组织学生编排课本剧，参加过文艺汇演，反响不错。如果开设一门戏剧课，既符合教育发展的形势，也兼顾她的特长，同时满足了校长和家长的要求，岂不是几全其美？我把这个想法和大家沟通，得到了所有人的认可。

看似偶然的一个决定，彻底改变了她的命运，她在工作中焕发出异常的光彩。一开始，学校并未给予她太多支持，她也不在乎，自己编写剧本，自己花钱制作各种道具，利用课余时间不辞辛苦地排练。不到一年时间，她编剧、导演的戏剧节目就在全市获得一等奖，并参加了全省的汇报演出。学校获得了荣誉，校长也高兴，对她的戏剧课开始高度重视。她带领学生，把初中课本所有的叙事性文本，都改编成了剧本。各地来学校的考察团，观看戏剧社的演出成了必不可少的项目。没几年时间，她已经在全省小有名气，成为"戏剧进校园"的优秀代表。

给合适的人提供合适的岗位

去过庙里的人都知道,一进庙门,首先是弥陀佛,笑脸迎客,而在他的侧面,则是黑口黑脸的韦陀。但相传很久以前,他们并不在一起,而是分管不同的庙。弥陀佛热情快乐,所以来的人非常多,但他丢三落四,没有好好管理账务,所以入不敷出。而韦陀虽然管账是一把好手,但成天阴着个脸,来的人越来越少,最后香火断绝。

佛祖发现了这个问题,就将他们俩放在同一个庙里,由弥陀佛负责公关,笑迎八方客,于是香火大旺;而韦陀铁面无私,锱铢必较,让他负责财务,严格把关。两人分工合作,庙里一派欣欣向荣景象。

这个故事很有意思,它说明了一个道理:尺有所短,寸有所长,每个人都有自己的优点和缺点。能否把合适的人用在合适的岗位上,人尽其才,是衡量一个管理者领导能力的标准之一。

在一次全球500强经理人员大会上,被尊称为"世界第一 CEO"的美国通用电气公司总裁杰克·韦尔奇与同行进行了一次精彩的对话交流。有人说:"请您用一句话来概括自己的领导艺术。"他回答:"让合适的人做合适的工作。"

每个人都有不同的兴趣、爱好、特点,就像老师要去发现学生的天赋一样,管理者同样也要去了解每个教师的不同,并为其提供最合适的岗位,让教师的价值得到最大程度的展现。在学校的管理体系中,通常有一个惯性思路:教而优则仕。大概十五六年前,我参加全市的青年教师代表大会,市委书记讲话,鼓励大家要好好工作,其中就提到"教而优则仕"。他的想法大约是鼓励大家通过努力工作来寻求一个美好前景。乍一看,这样的观点似乎没有错,优秀教师专业技能过硬,更有教育思想和人文精神方面的优势,他们走上学校或教育部门的管理岗位,不就在一定程度上实现了"教育家办学"的目标吗?可仔细一想,却又不尽然。毕竟课堂上的"教学"与仕途中的"管理"有着天壤之别，前者优秀不代表也能做好后者的工作。现实中这样的例子并不少，一个优秀的老师，被提拔为学校的主任、校长，结果管理起学校来一塌糊涂，完全没有了课堂上的驾轻就熟、游刃有余。

我曾经到一所薄弱校工作，到学校不久就发现了一个问题：学校有几位老同志，临近退休，身体状况普遍较差，三天两头请假，职业倦怠严重，对工作推三阻四，影响很不好。教务主任在这所学校已经工作了十几年，一谈到这几个人就头疼得不得了，拿他们没什么办法，只能睁一只眼闭一只眼。经过观察我发现，他们工作消极的主要原因并不是身体，而是心理。他们曾经见证过这所学校的辉煌，亲历了从重点校退化为薄弱校的过程，这种反差带来的失落成为他们缺乏工作动力的主要原因。加上身体越来越差，工作力不从心，与年轻人拼热情、拼精力的确有着不小的差距，因此，对学校的任务能躲就躲，能辞就辞。弄清原因后，我决定成立一个"智囊团"，专门来给学校方方面面的工作出点子，带年轻老师。教务主任觉得我的想法太过"理想"：他们连自己的基本工作都做不好，一下子把他们捧得这么高，会不会适得其反，把整个队伍带坏？我告诉他，可以试试看，人尽其长，上课已经成为他们的弱势，要重新给他们定位，找到他们新的增长点。在我的坚持下，学校开始尝试这样的做法，收到了意料之外的效果。学校的信任和与众不同的工作角色，让他们的工作热情重新被点燃了。他们积极地想办法，出主意，组织培训，审阅年轻老师的教案、作业，个别交流、辅导，迟到、早退、请病假的现象少了，很多时候还能看到他们自觉自愿加班的场景。他们就像一股新鲜的血液，注入到学校原本有些死气沉沉的肌体。

学校安排工作的时候往往考虑的是一个老师"能做什么"，通常会忽视他"愿意做什么"。"能做什么"是一个人的知识和技能决定的，而"愿做什么"的影响因素包括价值观、动机、兴趣和其他个性特征，更能决定最终的工作效果。每个人最了解自己的兴趣爱好，自己的优势，所以，新学年安排工作之前，不妨发个调查问卷，征询一下老师本人的意见，自己最愿意在哪个学段，最希望承担什么岗位，将其作为整体工作安排的重要参考依据。可以完善校本课程开发方案，把教师自主申报、论证作为校本课程开发的重要环节，保证教师作为"主体"来介入课程的研发。这样的做法比我们盲目地指定教师的工作岗位要好得多，往往能使学校中的"偏才"找到自己的位置。这要求管理者，必须对"人"和"岗位"进行反复对比，实行双向选择。

给教师提供合适的岗位，还要认真去研究每一个"人"。比如要了解每个教师的气质类型：胆汁质的人精力旺盛，性格刚强，但是粗心大意，适合安置在创新性岗位上，多给他们一些非常规的工作；多血质的人热情、有能力，适应性强，喜欢交际，但注意力易转移，尽量给他们提供一些目标非常明确的工作；粘液质的人平静，善于克制忍让，生活有规律，埋头苦干，严肃认真，但不够灵活，注意力不易转移，比较适合安置在需要条理性、持久性的工作岗位，像人事管理、档案管理等岗位比较适合；抑郁质的人沉静含蓄，易相处，人缘好，处事谨慎，工作细致，做事坚定，能克服困难，但敏感，易受挫折，孤僻寡断，反应缓慢，这种教师可以给他们略超过自己能力的任务，使他们获得成功体验，建立信心，一点点成长起来，也可以给他们搭配性格比较开朗、包容的人来一起工作，实现性格互补。

给教师提供合适的岗位，还需要注意一点，就是发现不合适的现象，要及时调整。实际工作中，难免会在人员安排上出现不够妥帖的情况，比如：学段不合理，未能与教师自身的特长相匹配；人员组合不合理，没有形成优势互补的状态，甚至发生不该有的矛盾；等等。发现了，看准了，要及时更换，犹豫不决往往会给学校和教师个人带来不必要的损失。

最大程度地挖掘教师的潜能，让团队中的每一个人都感觉自己不可或缺，不仅能大大提高组织的效能，也会让每一个教师绽放出绚丽的光彩。

每个人都成为培训资源的提供者

2017年暑假,我到上海浦东参加佰特公学暑期研修活动,印象深刻,从很大程度上改变了我固有的一些认知。为什么这次培训格外特别呢?

第一个原因是培训提出了"没有路标""不设灯塔"的理念,采取"真人图书馆"的方式,讲师们无论是校长、独立教师、作家还是公司老总,没有权威,没有训教,没有引领,他们只是讲述自己的故事,作为一个个足够饱满的人,由内而外散发着光芒。

第二个原因是培训的开放性。导师也是学员,学员也可以是导师。作为一个喜欢沉默和聆听的人,我居然也受到了鼓舞,和大家聊起我的故事。近些年,我受邀在全国各地做讲座,交流对象包括年轻教师、骨干教师,也包括校长、主任,但这一次的现场交流很不一样:没有任何准备,也不用PPT,我就从自己公众号上的几个标签谈起——性嗜酒、好码字、喜欢做梦、崇尚自由、信奉"我就是教育"、不折不扣的理想主义者,由此顺带引出自己的故事。这样的分享自由、随性,却别有意趣。

这次培训经历让我思考了很多。我们口口声声跟老师讲,"培训是最大的福利",但又有多少人认同呢?在越来越多、杂乱无章的培训面前,许多老师已从最早的"期待""有热情",变得"麻木""反感"。培训哪里是什么福利,分明就是负担。

对培训结果的急功近利,往往让培训变了味。请一个专家来,就奢望着,花掉的几千块钱劳务费,一定得带来最大效益,而这种效益就是教师从理念到行动的"骤变"。于是,培训结束,我们习惯于要求老师写"学习心得",表明"决心",而这样的做法,反过来加剧了老师的反感。

这次培训却截然不同。我在学习后记中写道:

我最大的收获是几天来获得的美妙的虚度感。

这是一场我完全没有预设的参与，与我庸常的生活截然不同。许久以来，我的生活陷入了一个泥潭：凡事都在追求结果。搞一个活动，期待达到最好的效果；做一件事，期待被更多的人理解；看一本书，期待它让我变得深刻；发一篇公众号，期待更多的人点赞；甚至吃顿饭，也要拍拍照片发发朋友圈，期待吸引更多的人关注。预设的期待实现了，长舒一口气，如果没有实现呢，心里就疙疙瘩瘩……

而这次培训，我本来就没有预设的结果。不被结果控制的事，总是离幸福最近。几天来，听听导师、学员的故事，与刚刚结识的朋友自由交流，与大家分享自己的经历，到大海边自由漫步，望望星空，嗅嗅海风，偶尔逗一逗院子里的小狗、小羊，一切都那么随性，自然，漫无目的，就如同小时候，可以用整整一个下午的时间蹲在树荫下看蚂蚁搬家，那份欢愉无与伦比。

如果生命是一本日记，那么这五天来所写下的，就是散淡和快乐！

但仔细想想，真的没有收获吗？恰恰相反，那种在轻松自在的环境中获得的对"人"的深度理解、对教育的深刻感悟，是所有带着任务的培训不能带给我的。这让我警醒，太急于求成的培训往往适得其反，因为教育本无"灵丹妙药"，渴望通过一两场培训让教师"脱胎换骨"，只能是一厢情愿的臆想。

这次活动让我开始思考，究竟什么样的培训形式和培训内容更有效？经历了太多"一本正经"的培训，老师在台上讲，台下几十人、几百人静静地聆听，除非观点特别吸引人，否则难免听课时陷入神游状态。很多时候，我觉得坐在台上的那个人是面容模糊的，忍不住会想，在他一堆显赫的头衔之外，他到底是一个什么样的人？他到底经历了些什么？台上的他和台下的他有哪些区别？我总是渴望在了解这些情况的基础上去分享他的观点。可惜，大多不能如愿。这样的培训，基本是无效的。听过了，也就烟消云散了，能把听到的东西真正在实践中去尝试的教师，很少。

问题出在哪里？就如同需要打破的教师"满堂灌"的课堂一样，低参与度的培训，也同样因为"学习主体"的被动灌输而缺乏效益。这一次的研修活动，真正体现了高参与度，譬如，学员可以突然间变成"讲师"；讲师讲课就在学员中间，或站或坐，脸对脸，彼此能看清每一个眼神，学员可以随时打断讲师的话，讲师也可以随着大家的提问变换交流内容；课间活动，有专门负责热身的人，做些有趣的即兴表演；就连颁发证书，也采取的是打乱顺序发下来，每个人拿着手里的名字，去寻找对应的人……这样的方式，亲切、自然，大家不是被动地接受训导，既是受益者，本身也成为了培训资源的提供者，让他人受益。培训的内容也具有可选择性，通常是一个晚上有两三个培训项目，大家完全凭兴趣和需要自由参加。这样深度参与的培训，对参与者产生了真正的触动。

对教师而言，自身个性、学识、素养、成长经历千差万别，不同学科有着不同的教学规律，不同岗位有着不同的工作特点，这些都注定了教师专业成长必然有着多元化的、千差万别的需求。这就像不同的人有不同的口味，如果我们不考虑这些差别，哪怕你端上来的是最高级的菜肴，也未必符合所有人的胃口。各地大一统的培训模式收效甚微，原因即在于此。因此，学校培训，一定要在必要的规定课程的基础上，呈现出可选择性的"菜单式"服务，教师可以根据自己的需求加以选择。

作为一所学校，何以满足教师五花八门的专业成长需求呢？我们不可能同时请几名甚至十几名专家来讲课，财力、精力都不允许。怎么办呢？李希贵校长在北京十一学校的探索或许能给我们一些启示。他提出，教师专业成长生态"必须造就互为供需的机制"，他在文章中写道：

经验告诉我们，每一位教师都是一座富矿，即使是刚刚毕业的青年教师也不例外，他们在信息化、与学生沟通等方面，往往技高一筹，他们在全新视角下的体悟、他们的困惑与迷茫也同样是这个生态下的宝贵资源。因此，如何让每一位教师都成为教师专业成长资源的提供者，而不仅仅是传统意义上的消费者，直接决定着这个生态的健康水平。

北京十一学校在去年8月的教育年会上做了初步的尝试，在教职工全员参与的情况下，提供了600多张教育海报，开展了60场圆桌论坛、30场新手发布会、5场主题论坛，人人都是教育智慧的供应商，个个都是教育产品的消费者，特别是通过线上分享、交易，让每个人的经验得到快速传播和有效放大，且供需在互动中增强了针对性，自然带来了专业成长的有效性，每位教师都有不一样的体验、不一样的收获。

这是一个非常好的尝试。教师是受训者，同时也是施训者。课程的提供者由学校自己的老师组成，这些课程不仅让接受培训的老师受益，同时，准备课程的老师在梳理、总结经验的过程中，深化自己的思考，于是也获得了成长。况且，这也大大解决了学校经费支出过大的问题，算得上一举多得。

给教师搭建分数之外的"T台"

我到某省骨干教师培训班去讲课，认识了一位同样担负授课任务的特级教师，四十来岁，非常精干，来自省内一所知名高中。闲聊的时候，他告诉我，省教培中心特意发函给学校，邀请他来讲课，但学校根本不支持，说会耽误日常工作，他只得以个人名义请假来参加活动。

我对这所学校的做法感到很不理解，这样一个好机会，本来是学校的骄傲，为什么不支持呢？是不是狭隘的本位主义束缚了校长的视野，以为一个老师只有种好自己学校那"一亩三分地"才是真正有贡献？这并非个例。在网上，我认识不少全国各地的优秀教师，他们有笃定的教育信仰，扎实的教育实践，从交流中我能感受到他们对教育的一片激情。但可惜的是，他们大多没有良好的成长环境。他们的理想和追求被视而不见，领导并没有为他们赋予能量，甚至设置了重重障碍。更多情况下,他们只能孤军作战,这也是体制内越来越多的优秀教师选择"逃离"的重要原因。

如果一个学校的管理者,不致力于为每一个教师搭建展示自我、锻炼自我的平台,只能说明他没有认清学校发展的变量主要在教师。教师停止了"生长",学校的发展也自然停滞不前。

有的校长可能会说:我们为每一个老师都提供了实现自我价值的舞台,每一次的统一考试,是教师展示自我的最好机会,对成绩优秀的教师,我们大张旗鼓地表彰,让他们名利双收,成为大家仰视的榜样。对此,我常常会问两个问题:第一,依此思路,非考试科目的教师,他们的舞台在哪里?第二,将舞台定位为考试,是不是极大窄化了学校的工作内容?将学生丰富的生命成长与分数画了等号,学校何以成为一个"可以称作学校的地方"?

北京十一学校春季年会,全国各地的人慕名而来,在巨大舞台上分享的,就是十一学校普普通通的老师。他们站在台上,侃侃而谈,鞭辟入里,分享的话题不大,却深入浅出,入脑入心。那是我第一次近距离接触李希贵校长的学校,那一刻,我深刻感受了这所学校的魅力,而这种魅力,就来自每一个教师的自信、洒脱。

给教师搭建成长的舞台,我的第一个建议是要在学校树立"分享"文化。"越分享,越快乐","越分享,越成长","我就是专家",这是我在学校不断倡导的一些观点。互联网时代就是分享的时代,学会分享使人进步,自我封闭必然落伍。

为此,我组织学校论坛,让每一个人讲自己的故事,说自己的成长;我坚持学期末组织教师全员述职。以此给普通老师搭建舞台,提供展示机会。我引导大家作为分享者,去思考一些问题:我分享的内容,有何价值?与听者有什么关联?能够让大家有所感悟和提升吗?以此促进教师学会总结和提炼。

在分享过程中,教师们由紧张焦虑变得从容自信,所分享的内容也由肤浅空洞变得丰富深刻。这就是教育最好的成长方式,"分享"文化的价值逐步凸显，远非"分数"舞台可以比拟的。

我的第二个建议是让专业的人做专业的事。学校有个怪现象，似乎一个人只要当上了主任、校长，马上就能成为一个"全才"。譬如，一个学科组搞教研活动，大家发言完毕，领导通常要做"重要总结"，哪怕自己原本的专业与这个学科风马牛不相及，仍然可以侃侃而谈。这样的文化，不利于学校建立良好的教师成长生态。我主张管理者要"谨言慎行"，尤其对专业性极强的工作内容，千万不要不懂装懂，要让专业的人做专业的事。管理者要做的，是把舞台搭好，把专业的人选出来，本着信任的态度，让他们尽情发挥。

我的第三个建议是要引导集体合力的形成。有学者研究指出，教师专业发展有一种"生态取向"，认为"教师的专业发展并不完全依赖于自我，教师总是处于一定的生态情境中的，个人环境、组织环境都能对教师的专业发展产生重要影响"，教师"所处环境特别是教师组织环境长期积累下来的文化的影响将会是无孔不入的"，"正是这种文化为教师工作提供了意义、支持与身份认同"。这种观点强调了群体的文化特质对教师成长的巨大影响。因此，在考虑教师发展问题的时候，一定要抓住教师群体的生活方式来做足文章。比如，我每年都会组织教学能力大赛，采取灵活的组织方式，全员参加，或者随机抽取教师参加，台上台下通过比赛的形式形成互动关系；假期培训时，组织无领导小组讨论、世界咖啡屋等活动，活动的组织、参与、点评，都由老师完成，强调教师群体的参与性；读书活动，不仅要读，更强调分享，强调彼此间更深层次的交流。大家平时交流的话题，越来越集中于这些一起参与的活动，一起经历的过程。

这些建议都基于一种认识：发展学校关键是发展教师，不是发展一个教师、几个教师，而是发展一个群体；教育活动有群体性的突出特征，而教师群体的专业生活方式，才实质性地决定着一所学校的教育高度。

第四节
让每一位教师成为课程

案例

被表彰的"捶背"事件

德育主任找到我,说二年级三班班主任,有些行为貌似不妥,非要我亲自去看一看。

课间,我隔着窗子,望向德育主任说的那个老师的位置。她正在批改作业,在她身后,一男一女两个孩子在给她"捶肩",一边捶,一边嘻嘻哈哈地说笑着。我似乎明白了什么,但我并没有直接走进去,而是转身朝二年级教室走去。

一直跟在我后面的德育主任看我无动于衷,压低声音说:"这怎么行?让孩子伺候她,弄不好要出事的。""出什么事?"我故意问。他看我一眼,似乎对我的反应有些意外:"您忘了上海那个学生给老师打伞的事件了?闹得多大!这要是给老师捶肩的画面被家长拍下来,传到网上,弄不好也够咱们'喝一壶'的。"

我当然记得"打伞"事件。但我没回应主任的疑问,而是直接拐进了二年级三班的教室,正在玩耍的孩子们见我进来,"呼啦"一下围了上来。我微笑着摸着他们的小脑袋,假装不经意地问:"你们都谁给老师去捶肩了？""我""我"，几个孩子争先恐后地叫着，脸上闪烁着自豪的光。我旁边的一个小男孩儿本来还笑眯眯的，一听到这个问题顿时噘起了嘴，不开心地说："我得星期五才能轮到呢！""哦？你们轮流去啊？是老师安排的喽？"我假装不解地问。"不是老师安排的，"一个小女孩抢着说，"我们开了秘密会议的。""哇，你们还有秘密会议，太厉害了，为什么要给老师捶肩啊？"我继续问。"我们李老师可好了，我们都喜欢她。"孩子们嚷嚷着。"听说她肩膀疼，妈妈告诉我要照顾老师，我们才开了秘密会议的。校长爷爷，我们要相互爱护，对不对？"那个女孩接着说。

"嗯，很对，你们真棒，你们的老师一定会更爱你们每个人的！"

从教室离开后，我问德育主任，这件事他怎么看。他想了想说："好像老师也不是故意的，是不是提醒一下就行了？"

我说："我准备下次开会的时候，郑重其事地对她提出表扬。"

人格课程的最佳表现方式

成才必先成人。一些学生成绩优秀，但存在人格缺陷，比如自私冷漠、我行我素、不顾及他人、缺乏爱心和责任感、嫉妒心太强等，实际上这是一种"人格障碍"。这种学生缺乏调节情感活动和行为活动的能力，缺乏对情绪、情感、行为的控制能力，如果任其发展，得不到及时纠正，即使将来他有丰富的知识，也不会是一个有用的人才，甚至可能会造成更大的悲剧，给社会带来危害。

怎么培养学生健全的人格？很多学校开发了相关的课程，比如品德课、礼仪课、晨诵课、传统文化课程，也在日常的活动中融入了人格教育的内容，比如升旗、班会、入团、入队、入学、开学典礼等活动，从内容，到仪式，都蕴含着对学生人格构建的引领。但我并不认为特意而为的行为是人格教育得以落实的关键，我主张，人格课程就隐含在德性充沛、情意充沛的教育生活细节中，隐含在良好的师生关系、生生关系的构建中，隐含在自由舒展、安全和谐的课堂生活、课余生活中。

我在小学一直推广"蹲下身子和学生说话"，这个要求看似简单，做起来并不容易，因为大家习惯于师道尊严，习惯于教师"高高在上"。而"蹲下来"这一小小细节，却蕴含着师生间的平等，但这种平等在一部分老师心里并不被认可。实践一段时间后，教师才发现"蹲下来"的奥妙。当老师和孩子真正实现了四目相对，就会在瞬间发现一个美好的世界，师生间的交流也开始由"硬声硬气""冷言冷语"变得温润、柔和起来。

一个小学三年级班主任，每天放学的时候，都会非常耐心地跟每一个孩子拥抱告别，从无例外。看似不起眼的一个举动，却让这个班级变得爱意浓浓，家校关系、师生关系、生生关系都变得那么和谐、美好。

一个一年级的老师，在述职的时候讲道：

我的孩子们刚刚跨入学校的大门，大多对老师表现为惧怕、不敢接近。于是，在学生面前，我完全不摆老师的架子。我运用一句问候、一个爱抚动作取得学生的信任，赢得学生的欢心。通过"爱老师""做个好学生"这两个主题教育活动，我拉近了与学生的距离。我不仅仅是孩子们的老师，还是他们的知心朋友、大姐姐。学生愿意和我接触，愿意与我说悄悄话，进而愿意参加一切教育活动。因此，融洽的师生关系是培养学生健全人格的前提。

这些，都说明学生健全人格形成的最重要途径，就蕴含在日常的点滴细节之中。

学校工作，压力最大的可能就是安全问题。我在河北工作的时候，曾经遭遇过一个突发事件：一个教武术的体育老师组织社团活动，做演示动作的时候，不小心踢到了一名初二男生的胳膊，造成学生小臂骨折。

这件事说起来非常严重。第一，事故发生在学校，而且是上课时间；第二，造成伤害的责任完全在老师，学生是无辜的。如果按照当下比较普遍的家校关系来看，这件事处理起来会非常棘手。

事发后，我们及时把学生送到了医院，进行紧急处理，同时通知了家长。让我万万没想到的是，家长赶到医院，那个男孩子对父母说的第一句话是："爸，妈，这件事老师不是故意的，你们不能找老师和学校的毛病。"简单的一句话，让我和老师非常感动。事情最后的处理非常简单，家长没提任何特殊要求，学校只解决了医药费。学生住院期间，老师们自发地轮流到医院去给他补习功课。最后，父母还表达了对老师们衷心的感谢。

为什么一个潜在的麻烦变得这么简单呢？我后来跟老师们总结的时候说，这归功于你们平时所做的一切，你们对学生的爱，对学生的尊重，对学生无微不至的关怀和平等对待，在这样一件事上，给予了大家回报。那个男生虽然只是一个初二的学生，但他身上展现出的宽容、善良、善待他人、坚强等人格特征，很大程度上来源于家庭和老师的影响。

在学校，我一直坚持推行没有爱就没有教育，无歧视、无差别的教育理念，推行不排名、不攀比的管理模式，把安全、舒展、自由作为一种教育标准不断强化，同时提倡"我，就是教育"的师德文化，目的就是希望这些成为隐形的人格课程资源，对学生产生积极影响。

推广"我，就是教育"的文化

在我工作过的学校，我都开展过以"我的老师"为主题的教育论坛，让大家讲一讲自己的老师，讲一讲和老师之间那些难忘的故事。

为什么我会执著于这样一个话题的分享呢？原因有三：

第一，为了实现教师职业更多的传承和反思。一名教师，工作了二三十年，积累了不少经验，或者经历了某些深刻的教训，但因为缺乏相应的传承机制，这些经验教训随着一个老师的退休，大多烟消云散了。后辈的老师，只能从零出发，重新摸爬滚打，经历前辈们曾经走过的弯路。回顾自己的老师，是为了寻找"榜样与警钟"。有了传承和反思的意识，就能够从自己过往的教育经历中汲取更多营养，增添站上讲台的动力和勇气。

第二，为了促成大家"我也曾是学生"的思维视角。什么叫"儿童立场"？如果不能从学生的视角去思考和看待问题，教师的很多行为可能就变成了一厢情愿的"想当然"。是不是好老师，最有发言权的永远是学生。有一名英语教师讲了一件深刻影响他童年的事：他的老师当着全班同学的面，嘲笑他的字"还没有我们家的狗写得好"，这件事深深伤害了他。现场聆听的人无不为之动容。开展这样的活动，就是为了促使教师思考：未来十年、二十年后，我将留给学生什么样的记忆？变换身份看待问题，何去何从，自有清晰的选择。

第三，为了厘清大家对教师工作本质的认知。故事的分享，让我们逐渐逼近对教师工作本质的理解。一名教师分享自己的观点："老师，你的言行举止真的很重要。"很多时候，老师看似偶然的一句话，可能会彻底改变一个学生的命运。这种改变可能温暖肺腑，也可能痛彻心扉。从狭义的角度讲，教育就是通过师生间的互动，实现人类文明成果的一代代传承。传承的基本桥梁就是"教师"，而非教材，更不是现代化的技术手段。优秀教师的作用在于给学生最为宝贵的"人生价值的引领"。当一个老师能够对学生做人、做事的思维方式、行为方式产生真正的影响，帮助学生构建足以应对未来生活的价值观体系，他就像骨骼或肌肉那样，真正嵌入了学生的思想和灵魂。如果我们不曾深刻地对学生产生过影响，不曾在他们最需要的时候给予过帮助，不曾对他们的人生观、价值观有过有益的引领，我们何以自豪地说"我是你们的老师"呢？优秀的教师是一束光，能够给学生带去温暖，带去希望，能够在学生战战兢兢、心神不安的时候给予他们力量，能够在他们一片混沌、犹豫彷徨的时候牵一牵他们的手，给予他们方向，唤醒他们沉睡的梦想。

2016年11月，北京师范大学组织"京师论道"第七届京师基础教育创新论坛，我与著名学者、当代中国具有广泛影响力的教育专家之一林格老师一起参加了题为"教育者的自我发现"的论道环节。我在现场表达了自己的观点：我，就是教育。教育实施的最佳路径是"向内看"，是教育者的自我觉醒、自我提升，由管理和改造他人的冲动转向认识和修正自己。这一观点得到了林格老师及与会专家、学者和同仁们的高度认同。我在江苏常州做校长时，曾提出"崇德尚美，润己泽人"的校训，其中"润己泽人"强调的就是"师生人格精神在教育中的相遇"，是双方的"敞开"与"接纳"，是互相吸引、互相包容、互相参与、彼此影响、彼此成就。唯有如此，"我，就是教育""以生命影响生命"才能逐步成为学校的育人路径，并最终衍生为学校的文化。

课程是决定教育质量的关键和根基。一所学校中，教师是课程的研发者、执行者，我认为，教师更应是课程本身。有句话说得好：教师的人格，就是教师的一切。教师以怎样的姿态出现在学生面前，直接影响和左右着学生。观察一所学校的教师队伍，是不是跪着教书，完全没有精神的独立？是不是擅长打太极拳，没有担当精神，善于推卸责任？是不是出卖着自己的灵魂，做着有违师德规范的事，还大言不惭地说"大家不都这样吗"？这其实就注定了一所学校的品质。

我曾经在教师培训的时候引导大家思考过一个问题：如果学生普遍考得不好，我们该归罪于谁？如果是一个优秀的老师，他会认为问题出在自己身上。但如果是一个较差的老师，他很可能就会把责任归到孩子、家长、班级纪律甚至前一任老师身上。这就是优秀教师与一般教师的区别：二者对问题的归因不同，是导致不同成长高度的关键。优秀的教师总是善于从自身找问题，认为自己就是教育的关键，只要改变自己，问题就会发生积极变化；而一般的教师则容易把问题推给外部环境，而外部环境是自己不可控制的，因此，改变也就成为不可能的事。

因此，管理者的职责之一，就是努力形成教师"从自身找问题"的思维方式，打造"我，就是教育"的文化，让所有老师洞悉、改变自己，才可能改变教学，改变教育。"我，就是教育"，这不是一句空洞的口号，而是教育的行动方向、行动策略，不论你是一个什么样的人，当你站在学生面前，你就成为了教育。无论你怎样教育学生，学生都会受到你的影响,你都会给学生的成长打上深深的烙印。这个烙印可能会让学生受益终生,也可能会毁掉学生的一辈子。

我在辽宁北外附属学校工作时,提出要打造一支"温暖公正,专业有趣,向深行走"的教师队伍,这十二个字,就是对"我,就是教育"的形象化表述。我告诉老师们:"当我们每个人达到一定高度后,走进教室,也许不用说话,随意流露出一点什么,学生就能吸收你流露出来的东西。就像一杯水,满了以后会从杯口流出来,而我们的学生主动去吸收,于是教育发生了。如果老师自己没有修炼好,只有半杯水,那么你给学生的只能是一种灌输,离教育的本真、教育的智慧就会很远。"

发现学校中默默无闻的人

美国教育家托德·威特克尔在《优秀校长一定要做的15件事》一书中表达过一个观点:每次处于困难境地的时候,高效能校长总是以他们最优秀的教师为出发点来进行决断。在做出任何决断或尝试任何改变之前,托德·威特克尔建议校长问自己一个问题:我那些优秀的教师会怎么想呢?

这个观点让我思考了很久。的确,15%左右的优秀教师在学校中是受人尊敬的榜样,他们的所思所想引导着一个团队的方向,也代表着学校所能达到的高度。他们通常表现出站位更高、视野更开阔、处理问题更成熟、家长更认可等优点,让他们参与到学校政策制定等重大决定中来,更具影响力和可行性。

但我的质疑是,一所学校的主体工作到底是由谁完成的?我们可以说"有名师才有名校",那么,是不是仅凭名师就可以高标准地完成学校常规化工作,从而保证学校正常的教学秩序及优异的教育品质?我曾经简单归纳过学校生活的理想境界:在一所规模庞大的学校里,每一个成员就像一个零件,紧密地团结在一起,形成巨大的合力。每个人都知道在什么样的时间，什么样的地点，自己应该出现在什么位置，履行什么样的职责，学校这架庞大的机器，就有了无穷的动力，能够按照既定的目标，有条不紊地运行，即使有一点小的摩擦，一点小的故障，也能凭借巨大的自身惯性得以消弭，从而继续向着正确的方向走下去。

或许名师是机器的核心部位，而其他普通教师，只是一些不起眼的零件，甚至是一颗小小的螺丝钉。但不可否认，若要使机器完美运转，每一个零件都不可或缺，不仅需要质量万无一失，还需要相互之间的配合天衣无缝。

管理者看重15%的优秀教师没有问题，但拿捏好尺度至关重要。因为需要名师"创门面""打天下"，于是百般呵护，甚至溺爱放纵，荣誉全部归到他们头上，向上级推荐优质课的机会也直接分配到他们身上，组织外出学习、考察，他们更是抢得先机；因为他们的地位和影响，失去了原则，把"看优秀教师脸色"作为处理问题的依据，一味迁就、退让，甚至突破了制度的底线：这样的做法大多后患无穷。

一个集体如何正常运转？要仰仗最基本的规则。每个零件有固定的位置、职责和运转方式，而通常在集体中"咄咄逼人"，自恃劳苦功高，要荣誉，要待遇，否则就施以要挟之术的人，大多渴望摆脱规则的束缚，凌驾于集体之上，以一己之力撼动整个集体，从而使这架机器按照自己的节奏去运转。管理者如果因种种忌惮而不断忍让，看似为了整个集体着想，保护了某种利益，但往深处看，对这种个体利益的"保护"绝对是以伤害集体大利益为代价的，结果是"暖了一人"却"伤了一群"。基本规则的底线被突破，带来的将是对普通教师的漠视，是管理权威的丧失和执行力的下降，是普通教师群体对制度本身的质疑和排斥。

管理者要耳聪目明，不仅能看到那些走在队伍前列的优秀教师，也要看到一个庞大的团队中，紧随其后的那些默默无闻的人。他们或许没有显赫的成绩或者突出的能力，但并不代表他们为一所学校发展做出的贡献很少。相反，他们作为团队中最为庞大的一个群体，对学校的正常运转与提升而言，是最重要的基石。管理者能否看到他们，能否洞察他们的喜怒哀乐，能否不断为其输送精神的营养以保持他们旺盛的事业心和教育情怀，能否在他们面临困难的时候站在他们身边，都决定着管理所能达到的高度和水准。

这与班级建设的道理一样，过分强调"抓两头促中间"的策略，往往会忽视占比50%~70%的中等生群体，从而导致中等生成为沉默的多数，使班级活力不足。很多管理者也会犯下同样的毛病，对那些"不显山不露水""老实听话"的教师不太注意，平时说不上几句话，甚至叫不准名字，这都会影响到一个团队的整体打造。

因此，管理者要有意识地去发现团队中"默默无闻的人"。我曾专门组织大家探讨如何关注那些普通老师的话题，并提出中层干部"每日一谈"的工作要求，即有计划地每天主动接触一位老师，做些简要交流。这种交流未必那么正式，交流场所也不一定在办公室，可以在教室里、楼道里、操场上，看起来更像是随机发生的，交流的内容也不一定完全限于工作。对那些不善言辞的老师，也可以利用微信留言，或者把想说的话写在便签纸上，粘贴在老师办公桌上。保证在一定周期内，和所有老师都有这样"不经意"的接触，让普通的老师也能感受到来自领导的关注，管理者与老师之间的关系将会更加亲密。

另外，学校在表彰的时候，可以专门针对那些默默无闻的普通老师来量身定制一些特别的奖项，将他们平时不引人注意，甚至不为人知的工作细节、成长故事呈现在大家面前。目的只有一个，要让这些老师知道，走在校园里，他们不是边缘人，每一个人同样重要。

这样的做法，保障了对教师团队的评价客观公正，有利于调动全体人员的积极性。从长远的意义看，这样的做法也会逐步深入人心，延伸为学校的一种文化，即"每一个人都不能少"，从而让"目中有人"的教育真正在每一名教师心中深深扎根。

第三章
唤醒学生的灵魂

> 教育的最终目的不是传授已有的东西,而是要把人的创造力量诱导出来,将生命感、价值感唤醒。
>
> ——斯普朗格

第一节
身心健康放在第一位

║案例●

如此悲催的课间

暑假回老家,接触到表妹家的两个孩子,一个男孩读五年级,一个女孩读三年级。我发现他们很不喜欢上学。

仔细问起来才知道,他们觉得学校一点意思都没有,整天被沉重的课业包围着,除了语数英之外,其他课程,像音乐、体育、美术之类,几乎不上。更要命的是,老师课间都不准离开教室,如果上厕所,要征得老师的同意,几个人结伴才能去。

我非常震惊。两个孩子所在的学校,是全县最有名的小学,怎么会发生这样的事情呢?

我询问了在那所学校工作的一个朋友,得到的答复更让我不可思议。这样的要求,居然并非教师的个人行为,而是全校性的管理举措。学校明确规定,课间学生只能待在教室里,上厕所需要教师同意。这个学校有很标准的四百米操场,但除了体育课外,其他时间不允许孩子们到操场去。

当然,学校是有理由的:学生太多,如果任由他们奔跑玩耍,互相冲撞，出了事故怎么办？于是师生被安全这个"紧箍咒"牢牢束缚，到了课间，小朋友只得乖乖地坐在教室里写作业，老师想方设法不给小朋友一起追逐打闹的机会，因为这样更安全。

别让整个民族晕倒

我非常怀念小时候的情景，那时候根本没有像样的操场和校园，能有一片平整好的土地就不错了。课间的时候，同学们尽情地奔跑，跳皮筋、扔沙包、跳房子、捉迷藏，不亦乐乎。现在的孩子每天被圈在狭小的教室里，失去的不仅仅是快乐和朝气蓬勃的个性，也包括原本应该健康的、充满活力的身体。

对此我深恶痛绝。孩子在学校被"困"在教室一天，回到家的第一件事通常是写作业。在该跑该跳的年纪，却被捆绑在书桌上，没有足够的体育活动，睡眠严重不足，十年寒窗下来，会有怎样的体质？而这样的体质又能造就什么样的性格？

每年军训，学校都严阵以待。两个小时的军姿训练下来，呼啦啦晕倒一大片。我在江苏工作时，观摩中考体育游泳测试项目，满眼望去整个游泳馆几乎都是"小胖墩儿"。平时发胖的孩子分散在各处不显眼，当几百个又白又胖的孩子半裸着身体集中到一起，那画面真的不忍直视。

2014年教育部有一项中国学生"30年体质变化"的调查，数据公布，一片哗然。与30年前相比，学生近视率接近90%，肺活量下降了10%，女生800跑米成绩下降了10.3%，立定跳远下降了2.72厘米，而男生跑1000米，成绩下降了10.9%，立定跳远则下降了1.29厘米。

要知道，这30年，正好是中国经济飞速发展的30年，人民的生活水平日益提高，营养进一步加强，按道理，学生的体质应该提升才对，可惜所有数据全面下降。学生体质的好坏，能够体现出一个社会的进步或倒退。如果以学生"30年体质变化"的调查数据来判断我们的成败，又能得出什么结论呢？

学校体育教育的现状，可以概括为两点：

第一，被边缘化。很多学校，体育课可有可无，随便挤占的现象非常严重。教育部推行"阳光体育"，提倡每天一小时运动。但对文化成绩的极端追求，对安全问题的种种顾虑，使这项要求在很多学校变成了只存在于汇报材料中的一条"经验"。后来，体育开始纳入中考的内容，情况仍然不容乐观。体育也像文化学科一样，出现了"考什么练什么"的趋势，中考如果设置了"实心球"测试，那好，学生从初一入学开始，上体育课就扔实心球，其他项目全部搁置。这种功利化的做法也很难达到体育教育应有的效果。

第二，被妖魔化。中国儿童中心体育老师姜天赐说："我们的体育是什么呢？体育是高强度训练，体育是影响文化学习的魔障，体育是差生升学的救命稻草。我们的体育是矛盾的，一边是奥运会上被神一般地崇拜，一边是生活中被妖魔化地对待。所以，随着奥运的一路高歌猛进，发展体育运动，增强人民体质的初衷渐行渐远。"中国的传统是"学而优则仕"，学生大量从事体育活动会被视为不务正业，玩物丧志，耽误学业。中国正在进入急剧的老龄化，维持人口的健康水平、延长工作年龄，马上就会变成紧迫的问题。但没有健康的体魄，我们怎能实现"为国家工作五十年，健康生活一辈子"的目标？

国际奥委会主席巴赫说：在很多国家，体育在教育体系中扮演的角色没有受到重视，体育的作用被很多教师和家长所低估，其中就包括中国，甚至可以说，这种状况在中国更为严重。体育回归教育，对于中国，正当其时。

巴赫主席的话振聋发聩。体育本身就是教育的一部分，和教育一样，两者都是以启人心智为最高目的。体育活动不仅能锻炼我们的身躯、增强心肺功能和肌肉，也会让人变得更有意志力。没有强大的意志，很多事情都不能完成。而体育恰恰能锻炼人在面对困难和挫折时"咬咬牙挺过去"的能力。但凡我们能想到的关于体育的关键词，健康、规则、竞争、团队、公平、公正、失败、胜利等等，对于青少年形成强健的体魄和健全的人格，都将起到至关重要的作用。

有个小故事，讲起来很痛心：某市组织中学生足球联赛，最后从全市所有校队中选拔优秀队员集训，到外国搞友谊赛，没想到，跟同年龄段的孩子比赛，一场球竟被人踢成二十几比零。

如果体育再不回归教育，恐怕，整个民族都将孱弱不堪。

"空心病"离我们的孩子有多远

北京大学心理健康教育与咨询中心副主任徐凯文提出"空心病"的概念，在心理学界和教育界引起热议。

徐凯文指出，在北大这样的名校里有很多孩子虽然智力和能力都特别突出，却感觉很无力，对人生非常迷茫，表现出强烈的孤独感和无意义感，努力维持着人际关系却并不快乐，有的还表现为抑郁并有强烈的自伤或自杀意念。不少同学虽然非常勤奋，常常会"刷夜"读书，考试成绩也非常好，但他们不知道自己到底想要什么，对自己的将来感到迷茫，内心很痛苦。

我跟家长和老师交流起这种现象，大多数人表示无法理解。这些孩子能够经过千军万马过独木桥的残酷竞争，进入名牌大学，一定是非常自律，有责任感。怎么会这样呢？

其实，这些学生有相当一部分在初高中的时候就已经开始"空心"了，只是那时候还有考大学这样一个硬性的目标立在那里，表现并不明显，而一旦上了大学或者面临进入社会的时候就开始无所适从了。有一个初中班主任向我求助，说班里有个学生让她很抓狂，这个学生内心非常空虚，觉得在学校读书一点意思都没有，很厌学，但你问他想做什么，他也不知道，问他对自己的人生有什么设想，也是一脸迷茫。

2017年11月12日，在湖南某中学，发生了一起震惊全国的悲剧，

47岁的中学班主任鲍方在办公室被刺26刀，在送往医院的路上死亡。

行凶者是鲍方所带的实验班的学生，16岁的罗军。罗军是个什么样的学生呢？是我们经常说的好学生，因为他曾经多次在班上考第一名。鲍方又是一个什么样的老师呢？平时和蔼可亲，被孩子们称为"鲍爹"。

而事情的起因说起来更让人不可思议。放假了，鲍老师临时安排全班同学看一部励志电影，并让大家写观后感，而罗军不愿意，提出反对意见，两个人就此发生争执。就是这么一个小小的冲突，导致了最后的惨剧。一个可以捅自己老师26刀的人，一个可以捅自己同班同学老爸26刀的人，多么残酷，多么冷漠！成绩再优秀，又能如何？

当下的教育，基本围绕智力开发进行。孩子两三岁开始背唐诗、学英语，上学后要请家教、上辅导班，成绩一定要名列前茅，将来一定要上名牌大学。似乎只有这样，教育才算成功，孩子才算成才。实践证明，这是对教育的极大误解，教育最重要的任务应该是建筑孩子的人格长城，保证孩子的心理健康。我们去假设一下，如果一个孩子缺少对生命的认知，一遇到挫折就产生轻生的念头，没有梦想，不懂得保护自己，无法与别人共享，一点儿都不快乐，那么，即使这个孩子门门功课考第一，又能怎么样？

我们无法回避的是，中小学实际上已经成为心理健康的重灾区，不断见诸媒体的中小学生自杀事件就是最显著的特征。青春期内心的矛盾冲突导致的挫折耐受力降低，过重的学业压力造成的心理机能的病态改变，人际冲突、恋爱失败、学业挫折等负性生活实践带来的重大精神刺激，都容易造成心理问题。而大部分学校没有配备专业人员的心理咨询机构，尚未建立起一套成熟的心理干预机制，家长更是对心理问题持有抵触情绪，只关心身体健康，常常忽略孩子精神方面的引领、指导，以至于心理问题正在吞噬着那些感到迷失并无法获得帮助的孩子。

据我观察，"心理有问题就找心理教师或心理医生"，这是很多学校常见的做法。其实，所有的任课教师都应当担负起学生心理健康教育的任务，寻找科学的途径，尊重学生真正的心理需求，建立理解、信任、和谐的师生关系。从学校管理的角度来说，必须促成班主任、心理教师与任课教师齐抓共管的局面，让日常教育教学活动，包裹着"心理健康教育"的内核。

我经常跟老师们强调四点：

一是守护孩子的自尊心。一个没有被尊重的人，很难有自尊。每个孩子都是天使，都有各自的优势和劣势，要做一个有心人，发现孩子的天赋，这个过程便是守护孩子自尊的过程。守护孩子的自尊，可以逐渐增强孩子的自信心，让孩子在以后的生活中不失偏颇地看待自己和他人。

二是保护孩子的好奇心。上一百堂美学课，不如让孩子在大自然里行走一天；教一百个重点建筑的设计，不如让学生去触摸几个古老的城市；讲一百次文学写作，不如让写作者去菜市场里体验生活百态。一切真理都在生活里，培养孩子的好奇心真的很重要，也很简单，简单到可以从身边做起。

三是给孩子足够的关注。安全感能为人生"保驾护航"，不要动不动就大声斥责孩子，不要限制孩子沟通的欲望，不要让他习惯孤独。要学会关注孩子的破坏性情绪，帮助他们认识、表达，并处理这些情绪，然后引导他们安全地解决冲突，持续地把教育的重点放在帮助他们成为一个有关爱能力的人上。

四是给孩子完整的知识结构。在自然科学、体育、艺术的领域涉足，可以不精，但一定要参与其中。学习科学，并不是人人要当科学家，而是要避免愚昧。学习体育，不一定是为了做运动员，因为踢足球的规则和打篮球的规则走到哪个国家都一样，只要他是一个体育爱好者，走到哪里都会遇到朋友。学一门艺术，并非要把艺术当作可以炫耀的羽毛，而是为了让孩子将来在失恋的时候、失业的时候、有挫折感的时候，他起码还能有一种自我救赎的方式。丰盈的内心让人生幸福，自然会远离心理疾病，更不会成为"空心人"。

由"消极矫治"转向"积极建设"

大多数学校都建起了心理咨询室,但主要用来应对检查,平时就闲置在那里。一是缺少专业的心理教师,二是学校本身不重视。除此之外,也是心理咨询室的定位导致的。心理咨询室,对外传递着一个信号:这里就像医务室一样,是针对病人看病的地方。谁进了心理咨询室,就代表着谁的精神"有问题"。试想,在我们对心理健康的认识还很大程度存在偏颇的时候,有谁愿意承认自己心理有问题呢?即使一个孩子的确遇到了烦恼的事,需要帮助,他也很可能在心理咨询室门口徘徊一番,最终选择放弃。因为,实在抵抗不过那么多审视的目光带来的压力。

这就造成了心理咨询室门可罗雀的现状。

我认为,学校的心理健康教育策略存在选择性错误。在大多数人眼里,心理学一直被人们认为是"治病"的学问,强调以医生治疗病人身体疾病的模式来对待人的心理问题,目的是治愈人们的心灵创伤。但就心理学的本质任务而言,应当履行好三个使命:第一是治疗心理疾病;第二是使人的生活更快乐,更具幸福感;第三是促进儿童心理潜能开发,使其更具创造力。我们单一强化对心理健康出现问题的孩子进行诊治,而如何促进中小学生积极心理素质的发展以让其生活更快乐,如何用一种更加开放的、欣赏的眼光,去看待人类的潜能、动机和能力,研究人的积极品质,关注人类的生存与发展,强调人的价值等需要通过实施心理健康教育来达成的目标与使命,被人们淡化了、忽视了,由此导致了中小学心理健康教育工作的目标缺乏科学性和方向性。

基于"积极心理学"的理念,应激发学生积极的力量和内在的美好品质,发挥正向的积极潜能,使其快乐、自信,实现自我价值。对待问题学生应从正向关注开始,归因于情景,而不直接归因于人,从正向的周围环境去入手,通过调动积极心理资源,培养健康、向上的心理品质。

在江苏工作的时候，我强烈意识到当地学生的学业压力巨大，开展心理健康教育迫在眉睫。而且，一味靠"消极矫治"根本无法达到预期的目的，我努力探索学校心理教育的"积极建设"之路。

有一位在心理教育方面非常有想法的老师慕名而来，在我的支持下，她牵头成立了"心理教育三人组"，把促进中小学生积极心理品质构建作为心理健康教育的内容，开展了卓有成效的工作。

他们分年级开发了心理健康教育校本课程，梳理出中小学心理健康教育的六个主题，即自我认知与自我发展、学习与智力培养、人际关系与交往、情绪或情感管理、生活和社会适应以及人生规划与升学择业。根据不同学段学生身心发展特点、成长要求，内容有所取舍和侧重，通过团体辅导、心理训练、问题辨析、情境设计、角色扮演、游戏辅导、心理情景剧、专题讲座等丰富多彩的课程组织形式，培养学生积极乐观、健康向上的心理品质。

他们认为，以教师的健康心理促进学生的心理健康才是正道、实道。以人育人，这才是心理健康教育最有效的做法。他们自主组织了教师心理研究工作室，教师们自愿参加学习，报名异常火爆。通过不断地学习、研讨，教师团队自身心理健康水平得以提升，民主、平等、相互尊重的师生文化更加浓厚，许多人开始尝试在三维目标的背后寻求心理学原理的支撑。

他们组建了父母成长营，采用心理导师和营员合作讲课的形式开展"父母课堂"活动，面向全体家长开放，如"成绩VS成长协奏曲""习惯初养成""家庭和谐与孩子成长""亲爱的爸爸，我的成长需要您"等主题，对提升家长的认识发挥了重要作用。

他们创办了学校心理健康教育主题微信公众号"亲爱的树洞"，围绕心理主题，老师、家长和孩子们共同参与，创作相关文章进行分享，并对社会开放。

他们还组织了学校的首届心理健康节，举办心理剧大赛，等等。

当然，对那些的确遭遇心理困扰的孩子，他们给予积极的危机干预，坚持以正面疏导为主，开展正向训练，收获了不错的效果。

这一系列活动发挥了非常积极的意义。他们最大的贡献是，让大家消除了对心理健康的错误认识，让老师和家长懂得，心理教育最重要的是防患于未然，给孩子们营造积极健康和谐的成长环境，这应该是学校心理健康教育最该做的事。

第二节
寻找学生成长的秘密

案例

一个另类家长的"遭遇"

我的一个律师朋友,女儿五岁的时候,幼儿园同班的孩子都转去学前班了,问我什么意见。

我一向反对幼儿园小学化。孩子的成长有自己的规律,四五岁到七八岁这个年龄段,身体和心智发育都非常迅速。五岁多,让孩子去数数或背乘法口诀,孩子会感觉很难,但当孩子到六七岁时,就能很容易理解并背诵、使用了。之所以在国家明令禁止的情况下,还有很多学校开设学前班,除了利益的驱动外,也是整个社会的压力一级级传导的结果,由社会传给父母,父母传给孩子,中学传给小学,小学传给幼儿园。高考"指挥棒"的存在,不断制造着巨大的焦虑,让许多家长不敢有丝毫松懈。如果让孩子输在幼儿园这条起跑线上,那岂不是有可能步步皆输?

但实际情况是这样吗?学前班违背孩子发展的自然规律,违背孩子发展的内在"时间表",人为地通过训练加速孩子的发展,这种情况用"揠苗助长"来描述最恰当不过了,很可能以丧失孩子对学校的热情和对学习的兴趣为代价。家长们之所以如此选择，一是有从众心理，人家都这么做，我的孩子不上，那就落后了；二是也的确从一些孩子身上看到了"甜头"，那些上过学前班的，进入小学后，马上就展现出了"优势"，他们的确比那些没上过的孩子反应快、成绩好啊！可是，他们并没有注意到，到了二年级、三年级又如何呢？那些超前学习的"优势"丧失殆尽，与没上过的那些孩子相比，并无任何"领先"。

我的朋友很信服我，听从了我的意见，女儿在幼儿园又度过了大半年的快乐时光。但这半年，也是他非常煎熬的一段时光，谈到女儿，总会有"热心人"非常惊讶：啊？你没让孩子上学前班？这不是对孩子不负责任吗？这段时间幼儿园里什么也学不到了，提前去学前班，进行正规小学生活的预演，这太重要了。你怎么能这么不上心呢？看，我的孩子，不仅读了学前班，还学了奥数，读了英语。你呀，真是对不起孩子啊！

每每这时候，我的朋友只能尴尬地笑着面对别人的"好心"，无言以辩。但好在他是个有定力的人，质疑声中坚持了下来。他把更多的时间用来培养孩子的自理能力、人际交往能力、读书的兴趣、对事物的好奇心，等等。到了二年级的下学期，孩子不仅在学校各方面表现都很好，期末测试的时候还成为了班级的第一名。

尊重成长规律才能真正"目中有人"

谈到教育中的"目中无人"，我认为莫过于不尊重学生的成长规律。

比如本书第一章谈到过的"绿领巾事件"。"你学习不好，所以戴绿领巾，我才是真正的红领巾。"放学的时候，学生被领巾的颜色自然分成了两队，一个戴红领巾的孩子对另一个戴绿领巾的孩子如是说。这是曾经在西安某所小学发生的真实一幕。学校解释说这是激励孩子上进的方法：为学习好、思想品德好的同学发放"红领巾"，让学习差、思想道德差的"差生"佩戴"绿领巾"，这样可以激励"差生"向优秀生学习，让他们严格要求自己,争取也早日戴上"红领巾"。于是学生被分成了"红""绿"两个阵营。

又如江苏某小学四年级男孩小辉(化名)跳楼事件。这一天学校举行歌咏比赛,某班几个孩子交头接耳,影响了班集体的最终成绩。老师留下几名学生进行批评教育,要求学生写1000字的检讨。小辉哭着问:"要是写不到1000字怎么办?"老师批评说:"还没做就说自己不行怎么可以呢?"小辉在作业本上留下一句话——"老师对不起,我做不到",然后从学校的六楼跳下。

再如本章开篇提到的悲催的课间。教师一味地强调学习,把学生的课间生活剥夺了,把"安全第一、不能出事"的焦虑转嫁给学生,学生失去了在运动、交流中发现自身优势、获得同学的接纳和认可、全面发展和自我探索的机会。

看到这样的案例,每一位有良知的教育工作者都会心情沉重。我相信这些学校的领导、老师,都是抱着良好的教育动机做了这样的事,但为什么"好心办了坏事"?稍加总结不难发现,这些现象的背后,都折射出教育工作者对学生成长规律缺乏必要的了解和尊重。大家是"凭经验""凭感觉""凭热情"而教,但不具备学生成长规律的基本常识,于是不尊重学生成长规律的现象时有发生,导致悲剧一再出现。

近些年,随着教育的发展,学校对教师的培训力度不断加大,围绕课程标准、教材教法、现代技术、课堂模式、班级建设等方面的培训层出不穷,但针对学生年龄特点、成长规律方面的培训却几乎一片空白。教育不仅是艺术,也是科学,当我们对教育的对象——学生缺乏基本的了解和认知,所谓"科学育人"只能是空谈。

有一次听小学一年级的一节课,老师一直在强调:"请大家集中注意力!""同学们,认真听课才是最棒的!""某某,说你呢,刚听了几分钟,怎么又到处乱看,走神了?""同学们,请大家集中注意力,再走神的话就得不到小红花了!"评课的时候,我问这个老师:"你说说,小学一年级的孩子在注意力的问题上有哪些特点?他们的注意力受到什么因素的

影响?"那个老师一脸茫然,说不出所以然。其实,小学低年级学生的注意力通常有以下几个特点:

规律1:从注意力的类型看,低年级学生以无意注意为主,越有趣的信息,越容易引起注意,但也容易分心,受环境影响较大。

规律2:从注意力的稳定性看,低年级的学生注意力集中时间较短,在20分钟左右,自我控制能力也较弱。

规律3:从注意力的分配和转移能力看,低年级学生注意分配能力仍较弱,不适宜一心二用,转移能力较弱,不容易从一个活动转移到另一个活动。

规律4:学生注意的通道有差异,好动活跃不一定就是多动症。

当一个老师只知道注意力对提高课堂效率的重要性,但并不清楚这个年龄段学生在注意力上的规律,自然也就不能采取相应措施,很好地在课堂上吸引学生的注意力。像这个老师一样,一味地反复要求学生在一节课上都能保持精神高度集中,这样的期望本身就是不合理的,因此也不能实现。当在课堂上发现有些学生走神后,又凭自己的感觉急于把学生的注意力扳过来,强硬地要求学生跟着教师的节奏,结果呢?因为违背规律,反而不利于学生注意力的集中。相反,如果这个老师非常清楚小学低年级学生在注意力问题上的这些特点,她的教学自然会有不同的设计和选择,也会更加有效。

对教师的基本功,历来有不同的解读。公认的基本功有书写基本功、语言基本功、利用现代技术的基本功、组织教学的基本功、教学设计的基本功等等,但是,鲜有把"对学生发展规律的了解"纳入教师专业基本功内容的。我们必须认识到,只有掌握学生的成长规律,教师的所有工作才能有所依据,知道在什么时候该关注哪些方面,什么时候不需要过度紧张,什么时候采取什么样的处理手段,自己的哪些教育行为是对的、哪些是错的,自己的行为会对学生带来怎样的影响,从而有效避免因为"无心之失"带来的不良后果。研究学生的成长规律,应该成为教师专业成长最为重要的课题之一。

关于学生的成长规律，已经有了丰富的科研成果，这里不做赘述，只将最常见的学生成长五大规律提供给大家做一下参考：

顺序性：指身心发展由低级到高级，由简单到复杂，由量变到质变，即强调一定的方向性。这给我们的教学启示是要循序渐进，做到盈科而后进，不能揠苗助长、陵节而施。

阶段性：指不同年龄阶段有不同的特征和不同的发展任务。进行教学时不能一刀切、一锅煮。如在小学阶段学生的思维主要是具体形象思维，书本上有很多的插图帮助理解；而到了中学时期，学生的抽象逻辑思维占据主导地位，书本内容大多为大篇幅文字。

不平衡性：主要表现在同一方面和不同方面在不同时期发展速度不平衡，时快时慢，我们把发展比较快的时期称作关键期。这启示我们在进行教学的时候要抓住关键期，适时而教。如狼孩就是因为错过了语言发展的关键期，所以回到人群之后难以融入。

互补性：主要表现在两方面，一方面是生理和生理的互补，如盲人的听力比较好；另一方面是生理和心理的互补，如身残志坚。这给我们的启示是要扬长避短、长善救失。

差异性：主要表现在两方面，一方面是群体和群体的差异，如男女老少的区别；另一方面是个体和个体的差异，如人心不同，各如其面。这启示我们在教学中要做到因材施教、有的放矢。

培养孩子的生活能力

家庭和学校竭尽所能，要给孩子更多的能量和支持，助推他们的人生更加美好。在如此宏大的愿望下，教育到底取得了什么样的成效呢？深圳有位大学生被学校退学，报纸做了报道，给他画了一张漫画，戴着一个学士帽，母亲在喂他吃饭，画面上写着"专业的高材生，生活的低能儿"。如果一个学生，经过十几年的学校经历，仍然缺乏日常生活最基本的技能，教育到底有什么价值呢？

我们不妨做这样一个假设，把镜头放到五年或十年后，孩子18岁，考入了大学，他可以独立完成这些事情吗？

会和真实世界中的人交流，包括陌生人。

认识路或会描述路，会使用各种交通工具。

管理好自己的时间，合理安排好自己的生活。

会与家人有效沟通，给予家人温暖与关心。

能够妥善处理人际关系。

能够应对课程压力和工作中的变化、竞争以及不友好的身边人。

承担一定的风险与责任。

……

这些事儿都很具体，但并非每个孩子都能独自面对。一个大一新生到校两天后，快递公司把他从家里寄来的箱子送到宿舍外面的便道上，这个孩子就任由箱子在那过夜，因为箱子又大又重，他一个人搬不动，他需要打电话询问父母怎么办。后来他妈妈又托朋友去帮忙，最终箱子搬到了宿舍。这看似笑话，但就是活生生的真实的案例，也可以算作对教育的嘲讽。

这对学校的课程和育人思路，都有着现实的挑战。我主张教育要培养学生幸福生活的能力，为此专门开设了生存课程，培养身心健康、具有独立意识和生活能力的自我管理者。生存课程是一个完整的系统，包括健康、安全、营养、舒展、健壮、纪律、礼仪、生活技能等等。我们试图通过这样的课程，还原生活的真实场域，让他们在这样的环境中去实践、体验、经历，从而将生活还给孩子。孩子生活中潜伏的最大危害，并不是大街上的陌生人或生活中意外之事的发生，而是父母和老师对孩子生活的"剥夺"，不给孩子独自做事的空间，孩子就不能面对真实的情境，不会选择、判断、担责，无从了解自己是谁，能够做什么，更谈不上有信心。永远不自己动手解决问题的另一个麻烦是：永远不会经历失败，因此可能会极度恐惧失败，害怕令他人失望。无论是缺乏自信还是害怕失败，都会导致沮丧或焦虑情绪。将生活的权利还给孩子，孩子才能成为一个完整的人。

在一次家长会上，我跟家长们分享了一个观点：

孩子不会在第十八个生日的午夜时分，魔力般地获得生活能力。童年生活是训练场，父母帮助孩子的方式不是寸步不离，事事代劳，或者通过手机遥控指挥，而是闪到一边，让孩子自己想办法解决问题。总有一天，他们得自谋生路，如果我们没有帮助孩子和我们自己做好准备，那双方都可能会追悔莫及。所以，从童年早期开始，用与其年龄相匹配的方式，培养他们独立自主的意识，让他们知道自己可以是一个生活得很好的人，这对孩子一生的成长都意义重大。

不得不说，多数孩子的童年生活已经被不断升级的"教育竞赛"吞噬，生命中最宝贵的好奇心、欲望与行动力一点点被"抽取"，当一个看似"好的不能再好"的"未来"出现在孩子面前的时候，他们早已成为一株干瘪的、枯萎的、毫无生机的植物。童年不是成年的准备期，有其自身与当下的意义。它是一个人价值观的"锚"，对于一个人成长的最大价值是自我认知的建构，这种建构来自反复体验、反复试错。

因此，教育要重新定义成功，没有对"成功"这一概念的新的界定，教育很难在畸形的道路上回头。

美国一个叫维基·埃伯利斯的律师拍了一部纪录片《无目标的竞赛》，它描述了那些因为巨大压力而"辍学"的孩子的情况。"辍学"的孩子不仅指那些离开学校的孩子，更指那些人在学校、心早已远离学习的孩子，这才是最可怕的"辍学"。纪录片中还描述了因为精神压力而失眠、注意力难以集中、患上各种"病"的小孩，以及为了达到父母和老师的要求而去撒谎、去作弊的孩子的情况。它审视了狭隘僵化的"成功文化"的压力，以及它如何异化了教育的初衷，一点点毁掉了孩子身上作为"人"的东西。当成功被单一定义为"分数"的时候，我们最终收获的只能是精神涣散、精疲力竭的不健康的孩子。

重新定义成功，首先应该意识到，成功绝不仅仅是一张优秀的"成绩单"和一堆各种各样的证书。如果我们将"成功"定义为"前几名"，孩子的生活该多么单调与乏味，况且这是一个令人绝望的标准，更多时候意味着无论你付出多少努力，取得什么样的进步，你仍是不被认可与令人失望的，因为你不可能事事时时是人生的"前几名"。如果孩子长期处于这样的评价系统中，他的自信，他做事的欲望从何而来？

真正的成功是：孩子在每一个阶段获得各得其所的发展；在孩子的世界里，有自己，还有他人，能够和他人正常沟通，主动协作；最终成为能够自食其力的自己。

当然，在中国教育的大环境下，学校教育的基本出发点是学习知识，利用知识的"金砖"敲开通往未来的大门，这一认知在高考制度的背景下，很难被撼动。那我们不妨在"妥协"的基础上提出一个新的思路——给孩子穿过身体的知识。

什么是"穿过身体的知识"？大多数人都会在学校接受十几年的教育，这一过程都是在"丰满"一个人的主观世界，当一个人走出校门的时候，脑子里的主观世界实际上已经建成了。但是等走入社会，许多孩子会发现，道理懂了一大堆，可还是应对不了眼前的事儿。不是说认真努力、与人为善就前程似锦吗？为什么在我这儿行不通？

在我们的主观世界与客观世界之间有着一条条鸿沟，人的一生都在做一件事，努力"缝合"主观世界和客观世界之间的隔阂。人，只有在动手干点什么的时候才会和真实世界建立联系。比如画画，你要观察，要有所感悟，要调颜色，要有用笔轻重、力度的考量，要精确把握自己的身体，把握自己和环境中光、影、时间的关系，这样才能有好作品。这些东西反过来，让人与真实世界的关系更为具体、协调，也会塑造人的心性。这样的知识包括手工制作一张贺卡，学着修理家里的小物品，养育一棵自己喜欢的植物，制作标本等。

真正好的知识，就是穿过人身体的知识。在现实的教育"语境"下，这样的重担落在了家长和老师身上。也只有这样的知识，才能真正赋予人生活能力——观察力、理解力、判断力、行动力、"妥协"力、抗挫折的能力等等。

　　回顾我自己的人生，我百分之百地相信，童年生活中那些独自的支撑、那一次次尝试与"失败"、父母的那些"冷眼旁观"成就了我。它们让我认识自己、实践自己、破碎自己、重建自己，最终属于自己。青涩、简单但厚重的生活牢牢锁定了我价值观的"锚"，它给予了我最基本的人生信仰与教育情怀，成长中那些自由的时空让我养成了思考的习惯。我曾经出版的一本书《我，就是教育》，其实就是我生活的一枚果儿，因为从生活的情境中真实地长出来，所以才清新，有嚼头儿，有滋味。

　　对所有人来说，过自己想过的日子，从事某种工作养活自己，应对随之而来的大大小小的困惑，自己洗衣、做饭、约朋友、安排自己的时间……这才是"人"的生活，丰富多彩，磕磕绊绊，一路向前。无论个人的追求多么"卑微与平凡"，只要是自己的追求，就具有意义，就是值得一过的人生。这给了我们的教育更多的启示和思考。

让学生做更好的自己

　　如果你问我教育孩子最理想的境界是什么，我想是这样一句话：让孩子做更好的自己。

　　一个人活在世界上，一定要找到自己最喜欢、最热爱的事情，并且把它做到最好，把自己的光和热发挥到极致。只有那样，我们才终于找到了自己，成为了自己。要知道，每个人最终都只能做自己——无论你怎么学习怎么模仿，你都成不了任何一个他人，就像其他人也不可能成为你一样。

　　印度哲学家克里希那穆提说：教育的意义是要帮助你从孩提时代开始就不要去模仿任何人，永远都做你自己。不论你是丑还是美、羡慕别人还是嫉妒别人，永远都要做你自己，并且真的去了解这一切。

而中国教育最大的弊病在于，它总是试图按照社会的主流观念，刻一个模子，然后进行批量生产，整个过程很少考虑尊重学生的个性和兴趣爱好。

美国有一部电影叫《录取通知》，讲了这样一个故事：

几个高中生没有考上大学，他们不知道该如何面对自己的父母和家人，于是聚集在一起商量。最后，他们决定虚构一所大学，然后伪造了几份大学录取通知书，以此来蒙骗父母。可是很不巧，他们的父母听了以后对这所虚构的大学很感兴趣，决定去这所学校看看。这下可把他们几个急坏了。怎么办？几个高中生急中生智，决定一起来组建这所大学。他们到南加州找到了一所废弃的学校，几个人没日没夜地打扫卫生，终于把这所废弃的学校收拾得井井有条。接着，他们邀请到了一位退休的大学教授来担任校长。没有同学怎么办？他们在网上发出召集令，所有没有考上大学的高中生都可以报考这所大学。于是，成百上千的落榜生来到了这所刚刚诞生的大学。他们虽然成绩不佳，但个个怀揣梦想，而且身怀绝技。他们的聪明才智和天赋在这里得到了尊重和认可，可以完全按照自己的兴趣和特长来选择专业，从而获得了极大的快乐。后来东窗事发，教育部派人查封了这所违规设立的学校。在法庭上，几个学生代表慷慨陈词，一针见血地指出："每个人都有自己的优点和才能，我们需要这样一所尊重每个人的兴趣和特长，能够让每个人成为自己的学校。"最终，这所学校被政府承认，正式由虚构走向了现实。

这虽是一部美国电影，但其中包含的教育精神却值得我们深思。中国的大学生越来越多，可真正优秀的人才却凤毛麟角。问题之一，就在于我们的教育总是强调把学生培养成为怎样的人才，不尊重学生本人的意愿，没有想过让学生成为他自己。

首先要让孩子成为一个完整的人。每一个孩子因完整、独特而健康、美丽。一个完整的孩子由这几部分构成：身体、感觉、情绪、认知、精神。这是一个人的内在环境，是一个系统，精神是核心。当孩子会和自己的每一部分相处，并与每一部分连接着，他们就拥有了完整的成长。一个人开始感知世界，于是有了感知与情绪，有了思考与认识，最终形成人内在的精神层面的信念与品格，而信念与品格又回过头来"指挥"人的身体做什么，不做什么，形成一个周而复始的循环。它们彼此相关，互为因果。任何一个链条的断裂都会产生滞涩，进而影响整个人的成长。作为一个孩子，他就是遵循这样的规律建构和创造自己的。只有明白了这些，我们才能够去认识孩子，发现孩子，并允许孩子是他自己。

作为成人，首先要做的不是往孩子的生命上去附着什么东西，而是去发现这个生命，拭去浮在上面的尘埃，露出其本性、本意。当孩子捡起一枚树叶仔细端详的时候，他是在感知叶子的颜色、纹路、形状、大小、温度、质感，他是在认识叶子与树的关系、与季节变化的关系，他在构建自己与世界的关系，他在创造他自己。有的老师说，一个破树叶有什么可看的，这不是浪费时间吗？这就是对孩子生命的不理解。观察树叶本身就是生命的成长过程。教育者的伟大在于给孩子生命成长以时空，发现孩子一瞬间闪亮的眼眸，紧蹙的眉头，豁然的笑容，丰盈或停顿的内心。教育的价值则在于在静静欣赏中发现每一个纤细的生命线头，顺其脉络纹理、细胞结构，小心翼翼地、及时但节制地安抚与"填补"，这就是我们说的塑造。

还要让孩子成为一个有故事的人。有故事的孩子意味着他有自己的生活，接地气，成长于"世间百态"的生命才会气象万千；意味着故事中生动的情节在他的生命中留下了痕迹，让他懂得善良的价值、真诚的美好，还有生活中的种种困顿。有人可能问，成为有故事的人有什么用呢？我想，这些故事是孩子形成性格品德的根基，品德的形成不靠知识的习得，不靠技能的训练，而靠情感的体验，在自己与他人的故事中，孩子建构着自己。有故事的孩子还意味着他养成了在思考中生活，在生活中思考的习惯。在故事丝丝缕缕的熏染中，孩子会自觉地想，为什么是这样，然后又怎么样了，可不可以是另一个样子，思维的培育尽在其中。

让孩子成为一个有故事的人，教育者首先要成为一个有故事、会讲故事的人。从讲一本书，讲孩子熟悉的一个人，讲一件刚刚发生的事儿开始，逐渐发展到和孩子一起讲他自己的故事，把对孩子的叮嘱、寄予的希望无声无息地融入故事中，你希望孩子成为一个什么样的人，你就把故事往那个方向"表述"，这是在真正塑造孩子。到最后，让孩子自己记录自己的生活，讲生活中的种种发生。此时孩子在真实地表达自己。故事是灵魂的一种表达，用心书写故事，可以让灵魂闪光。这，会让孩子遇到更好的自己。

如何让孩子成为最好的自己呢？我罗列几点，供读者朋友参考：

一、教育孩子拥有信仰

今天的我们，最累的不是具体做某一件事，而是面对铺天盖地的信息、面对扑朔迷离的情境、面对错综复杂的关系如何选择。信仰是"选择之锚"。在复杂、多变的环境中，信仰让选择更简单。它不会让我们每一次都赢，但确实可以让我们在选择关头，成本低、效率高、无大错。如果把目光放长远些，这样的孩子大概率会"赢"。教育者重要的职责之一就是帮助孩子形成正确的三观。三观正的孩子可以抵御时间的侵袭，可以跨越空间的屏障，可以潜入自己的内心，可以飞往浩渺的宇宙。这就是信仰的价值。

二、教孩子做时间的主人

一个人使用时间的方式就是塑造自己的方式。一是养成给时间分类的习惯：比如周一到周五的时间、周末时间、小假期、寒暑假，还可以把每一段再细分。二是学会往时间里填充事儿。事儿可以划分为必须做的事儿、喜欢做的事儿、可做可不做的事儿、绝对不做的事儿。喜欢做的事儿和必须做的事儿同样重要，两者一个是生命本身的兴趣所在，另一个是职责使然，两者不是固化不变的，兴趣靠发现，同样靠"养育"。三是自己选择完成的方式、过程和对结果的预期。四是行动，在行动中调整、坚持，不放弃。四个环节是逐级递进，越来越"较劲儿"的过程。前两个可以靠老师、家长帮忙，而后两个则完全靠孩子的能力与自律，需要坚持，需要实在劲儿，任何的投机取巧都会导致功亏一篑。

三、引导孩子爱上无用之用

真正支撑、丰盈一个人内心的是什么？是真、善、美。能力接近，学识不相上下的人到最后"拼"的是什么？是无用之用的"大用"，比如，爱上读书、音乐、绘画、运动等等。在这个智能化飞速发展的时代，很多行业在一一瓦解，过去的许多标准不复存在，我们不得不生活在一个日益"陌生"的世界，在这样的时代背景下，在喧嚣中做更好的自己，我们更需要这些能让自己安静下来的、回到内心深处的"无用之用"。这是看似远、实则近的做更好的自己之道。

四、培育孩子的独立思考能力

独立思考才能建立事物间的相互联系与因果关系，才能在一个更大的世界中发现自己，才能在建立自己与世界的关系中丰富自己。培养孩子独立思考的能力，关键在于成人与他们的"对话"，在对话中帮助他们接近事物的本质。教育者要把更多心思放在问题上，对答案保持好奇、开放、迭代中的认知。这是培养孩子独立思考的起点。这需要开放的、放手的课堂，让孩子自己去经历、去体验、去感受、去判断、去选择、去承担。放孩子们走，他们才能更好地回来。

第三节
没有自我管理，教育就不会发生

> **案例**
>
> 一年级的"自我管理"
>
> 那些进入小学的孩子，往往开始时充满了新奇与兴奋，但一段时间之后，部分孩子情绪开始低落，甚至变得抵触上学。我仔细观察，找到了原因，学校为了强调规范管理，在课堂、课间、课外活动、用餐等方方面面，制定了非常细化的规则。而班主任，通常表现出强大的执行力，"乖乖听话""绝对服从"成为了最重要的标准。这让六七岁原本活泼好动的孩子出现了严重的不适应。
>
> 于是，我提出在一年级尝试推行"自主管理"，让孩子们由单纯的"被管理者"向"管理者"转变，让他们成为班级的"小主人"，对学校生活充满兴趣，从而喜欢上学校。
>
> 一开始班主任们顾虑重重：这么小的孩子，怎么可能"自我管理"？
>
> 经过一年多的实验，效果不错。后来，学校组织专题研讨会，大家分享经验，总结教训，形成了几点共识：
>
> 认识自我是实施自我管理的基础。一年级组先后开展了"我的自画像""我来介绍我自己""一年级，我学会了……"等活动，让学生客观、

实事求是地找出自己的优点和缺点，同时也看到别人的优点，学会互相尊重、互相学习。与此同时，一年级确定了学生生活、学习的习惯标准，加强独立性教育，家校合作，让"自己的事自己做"成为孩子们的一种自我要求。这为自我管理奠定了基础。

提供机会是实施自我管理的关键。一年级组开展了丰富多彩的活动：譬如，开展"我是学习小能手"的活动，磨炼学生在课堂上的自我管理，教育学生课堂上要专心听讲，积极发言；定期让学习好的同学介绍自己的学习方法，在交流探讨中共同进步。再比如，开展"我是勤劳的小蜜蜂"的活动，尝试卫生包干制，做到无纸片，无痕迹，每天在班内公布最讲卫生的同学、最负责任的同学，逐步培养孩子良好的卫生习惯。

人人参与是实施自我管理的保障。一个班主任考虑到一年级上学期孩子们年龄小、个性不稳定、对小学生活适应性存在差异等年龄特点，没有正式选拔班干部，而是给了他们半年的实习期。对于班内的一些常规工作，如值日、收发作业、领队、领读等采用轮流制的方式让孩子们去实践，尽情展示自己的才能。到了下学期，她采用选举的办法选出班干部，进行细致的分工，并陪着他们开展了几周的工作，教给管卫生的学生如何管理班级卫生、组织扫除，引导管纪律的学生如何管理纪律，教小组长如何收发作业本。教时手把手，干时放手干。发现漏洞，马上补，发现错误，马上改。在这种"分级管理制"的引导下，孩子们很快就形成了自己的工作习惯，基本上能独立开展工作，班里其他孩子也都跃跃欲试，一种学生自我管理的风格悄然形成了。她的班级也被评为了全市的优秀班集体。

发展自我是实施自我管理的追求。要善于引导学生对班级生活中的一些现象进行议论、评价，形成"好人好事有人夸，不良现象有人抓"的风气。在班主任们实践摸索的基础上，出台"值日班长"制度，全面管理班级一天的常规工作，学着处理一些简单的偶发事件，我们发现，孩子们表现出超乎想象的管理才能。

学生的自觉性决定着一所学校的高度

西方有句谚语：每个人都是自己的命运建筑师。没有人不知道自我管理能力对一个人的重要性，但真到具体实施时，现实却要苍白混乱得多。比如，传统的"班主任制"，在很大程度上决定了"警察加保姆式"的班级管理模式，班主任过于"有为"，班级事务全权负责、全权管理，以班级"秩序井然"和学生"乖巧听话"为评判班级建设成效的主要标准。在这样的管理思维下，学生任由教师摆布，所谓自主管理、自我管理很难发生。

这样的管理弊端，同样存在于学校层面。我观察过很多学校，哪怕墙壁上悬挂着醒目的"以学生为主体"的标语，但深入了解，很容易看出，学生根本不是学校的主人。他们既没有参与学校管理的途径，也不具备主动参与的意识，更缺乏自主管理的能力。学生习惯于"一切行动听指挥"，缺乏独立思考和判断，唯学校与教师马首是瞻，不管你是对是错，我乖乖听话就是好学生。自己的人生交由别人设计，这是中国学生普遍的特征。这种情况下，我们的学生怎么可能成为自己的命运建筑师呢？

我读过一本有关自我管理的书，名字叫《管好自己就能飞》。作者吴牧天，通过自我管理，对自己负责，成长为一名优秀的大学生，在"美国航空航天之母"普渡大学上学。书中一个故事给我的印象尤为深刻：小作者从美国回国，为了省两千元的机票钱而由加拿大转机，没想到加拿大机场说他是借转机的机会非法入境。小作者没有愤怒，也没有据理力争，而是要求找机场管理人员解释，并没有和机场保安争吵辩论。小作者思路清晰，将自己因为没有收入想省些钱才转由加拿大转机等原因诉苦般说出来，赢回了自己的清白，顺利由加拿大转道回国。这个例子中，作者情绪稳定，思维缜密，面对困难坦然应对，体现出良好的性格管理、情绪管理以及语言运用上的程序管理能力。这让小作者的人生充满了光明。

自我管理又称自我控制，是指利用个人内在力量改变行为的策略，普遍运用于减少不良行为与增加好的行为。自我管理注重的是一个人的自我教导及约束的力量，亦即行为的制约基于内控的力量（自己），而非传统的外控力量（教师、家长）。

我将学生自我管理的重点概括为七个方面：

1. 目标管理：每个人都需要有人生的目标，每个阶段应该有每个阶段的目标。要能够对自己的人生有一定的规划，内心对未来有些明晰的想法。

2. 时间管理：能够科学合理地分配时间，设定优先级别，按轻重缓急处理时间，不把时间浪费在无意义的事上。能够辨别和克制不适宜的欲望，减少人生路上的危险和贪婪。

3. 情绪管理：能够适度调节紧张、焦躁、心烦、忧虑等不良情绪，学会倾诉、听音乐、散步等告别不良情绪的办法，能够管理好语言，学会三思而后言。

4. 学习管理：懂得学什么、何时学、在哪里学、为什么学、如何学等。能够管理好自己的学习态度，改被动的"要我学"为自觉自愿的"我要学"。

5. 健康管理：能够适度控制饮食，坚持适合的运动，保持充沛的精力，轻松应对学习与生活。掌握必要的安全常识，让危险远离，保护好自己。

6. 行为管理：能够少说多干，学做行动的"巨人"，制订好的计划能够严格落实。

7. 关系管理：善于交往，能够依靠厚道和规矩，编制良好的人际关系网。

如果按以上标准衡量，非常遗憾，经过普通学校培养出来的学生，大多并不会真正的自我管理。这不仅包括小孩子，也包括已经满18岁的青年人，他们没有形成自我管理的意识和系统，也就缺乏追求幸福人生的能力。教育已经进入了"自己教育自己"的时代，一个人必须学会面对现实，自己调整自己，自己管理自己。因此，对学校而言，培养学生的自主管理能力，是真正对学生的一生负责。从一定意义上讲，一所学校中学生的自觉性如何，决定着一所学校所能达到的高度。

在我国台湾，有一所学校将自主管理做到了极致。这所学校没有保洁工，没有维修工，没有保安，没有公寓管理员，没有食堂厨师，一切必要工种都由学生自己去做。学校没有保洁工，但是校园窗明几净，绿意盎然，因为学生承包了校园每一个角落的卫生保洁。学校没有维修工，如果走廊上有一个灯泡坏了，马上就会有学生自觉掏钱，买个灯泡装上；窗户玻璃破了，马上就会有学生自愿掏钱买一块玻璃换上。学校甚至连班主任都没有，因为这所学校实行学长制，高三学生带高一学生。这所学校是一个高度文明、高度自觉的道德小社会，任何人在校园里乱扔垃圾，不关水龙头，抄袭作业，都将被视为道德事故，就可能被学校以道德问题为由开除。这所学校从来不布置寒暑假作业，但是没有一个学生考不上大学。由于这所学校学生素质极高，毕业生几乎没有次品，成为台湾各大公司招聘时竞相争抢的对象。有许多公司在报上登的招聘广告甚至注明只招这个学校的毕业生。这个学校就是以自主管理名闻天下的台湾忠信高级工商学校。

搭建学生自主管理的平台

在学校，我推行校长小助理制度。校长小助理的产生要经过学生的自主报名、严格竞选，要郑重其事地发放聘书。他们协助我做好一些日常工作，包括部分来宾接待、撰写节日贺卡与活动邀请卡、处理学生来信、一起参加学生座谈会与家长座谈会、根据需要起草一些倡议书，以及定期听取学生的意见建议，等等。这为我和学生之间搭建了一个良好的沟通渠道，让我更准确、翔实地了解到学生群体的基本思想动态，为部分决策提供一手的资料。同时，这种方式给学生们提供了一个非常好的成长平台，他们在与我"亲密"接触和交流中，看待问题的视角越来越宽阔，思考问题、解决问题的能力越来越强。

学校的管理形态经过了三番五次的教育改革，仍然缺乏脱胎换骨的实质性变化，原因就在于，大部分的管理仍然停留于"专制"的模式中，学校未能通过民主形式来推动制度、组织、课程等不同层面的管理，学生没有成为管理的主体之一。更严重的表现是，不仅学生未能参与管理，连教师也无法成为学校的主人，管理者刚愎自用、独断专行的作风和行为，妨碍了现代学校制度的建设进程。如果一所学校不能建立起师生民主参与的管理形态，距离促成学生健康、文明、有尊严生活的教育目标只能异常遥远。而这，恰恰是当下绝大多数学校的现状。

必须明确的是，学生参与管理是评价一所学校现代化程度的重要指标，也是学校创新的原动力。

北大附中前校长康健曾经分享过一个案例：

我们鼓励学生出版自己的刊物。比如我在北大附中时，孩子们办了一个刊物《偷听北大附中》。当时他们说用"偷听北大附中"这个刊名的时候，很多人就跟我说：校长，什么叫偷听北大附中？这好吗？其实他们的本意是，我们要知道北大附中的心声是什么样的，理念是什么样的。我们要用心去听，从一个学生的角度来看待附中。而且他们设了一个专栏，叫作"我问小康答"。小康指的是我，那时候虽然我是校长，但是他们还是很亲切地称我为小康。这个刊物后来在学校里有很好的影响。

这是学生参与学校事务管理的典型案例。每所学校都有很多组织，包括共青团、少先队、学生会、学生代表大会、学生社团等，按照学校的通常做法，这些组织的掌控者都是学校领导或老师，即使有学生参与其中，也基本上是按照规定的要求去行动，鲜有自主行为的发生。如果能像康校长一样，尝试让学生真正参与到这些组织层面的管理中来，则学校的教育生态会逐步发生根本性改变。我在学校时，曾在社团的管理上做过一些尝试，突破社团组织由教师全权负责的局面，社团活动的内容选择、方案制订、协调实施等方面，交由学生处理，取得了可喜的成果。七年级"品味芬兰，设计物语"课程小组，一共九名学生，发起了"创意餐厅日"活动，他们制作了"创意餐厅日邀请函""芬兰美食节品尝券"，发动了整个年级的学生、家长及老师，全员投入到邀约嘉宾、联系场地、现场布置、制作美食、全面展示、自主售卖、票券兑换等环节，整个活动井然有序、丰富多彩。最后，他们还将售卖美食所得的四千余元全部购买成图书捐给学校的图书馆，称之为"一平米图书角"，将这样的故事永远写进了学校宝贵的历史。让大家非常吃惊的是，这样一个复杂的活动，几乎完全是这几个学生独立完成的。这样的参与，对学生自我管理能力的提升有着重要的意义。我一直希望，中小学校的校园可以像大学一样，处处呈现着琳琅满目的海报世界，这不仅是学校五彩缤纷的校园文化，更是学生主动参与学校事务的重要标志。

当然，学生参与学校的自主管理，有着更加广阔的舞台。我认为学校可以致力于四支队伍的打造：学生自治委员会、校长助理团队、值周班级和学生社团。很多学校都有了这方面的探索，但更多的仍停留在初级阶段，对每个组织自身的职能、特性、运作模式、注意事项等并不十分清晰，运转过程未能达到学生自我管理的目的，反倒出现了一些不应该出现的局面。比如，对各类组织中参与的学生引导不够，缺乏具体工作方法的指导，加上做不到"全员参与"，无法让所有人既是"执法者"，又是"守法者"，造成学生之间的平等被打破，出现了特权学生，引发了学生之间的矛盾。再比如，参与管理的学生在落实具体工作时，标准不够清晰，对学生日常行为的管控或对班级状态的监督评判，出现不该有的人为差异，存在"人情分""情绪分"，这也给学生的自主管理造成了困境。但这些问题，并不代表着这样的路是错误的。

学生自主管理最基本、最核心的一个任务，就是他们首先能够制订自己的学习计划、个性成长计划。现在的学生，大概率是被人牵着鼻子走，完全没有自己的想法。因此，除了参与学校的公共事务外，要尽可能多地提供学生自主决定自己的学习和生活的机会。比如，每天下午会有一段相对充裕的时间，完全属于学生，他们可以去图书馆看书，可以去球场玩耍，也可以到教室自习，当然，也能到校园的长椅上发呆。在一定的规则的基础上，每个学生完全可以决定自己的行为。有老师对此持怀疑态度，认为如果不把学生每一分每一秒都规划清晰，学生会无所适从，弄不好还会惹来麻烦。比如去玩不该玩的东西，谈恋爱，或者到操场上惹是生非。但是，我们必须清楚，没有自由就没有尊严，完全被安排好只能去执行的生活，带来的就是学生自主管理能力的丧失。从长远看，这才是对学生真正的不负责任。

没有尊重，没有民主意识的萌芽，所谓自主管理不可能发生。我在学校曾经尝试推行班级"圆桌会议"，发动班主任与学生展开自由交流，但整体效果并不好。有些班主任认为：班级的事务受到太多因素的影响，比如上级的相关政策、学校的管理要求、各种条件的限制等等，这都注定了学生很难对班级的一些实质性问题提出恰当的解决方案。既然没有实质的作用，组织这些活动不就是浪费时间吗？有这样的疑虑，正是因为没有真正懂得学生自主管理的价值所在。在针对一些问题的讨论中，每个人都会有他们的是非判断。这些判断未必精准，但这样一个表达甚至争论的过程，不就类似于成人社会的民主形态吗？通过这样的过程，他们逐渐认识到，每个人都有针对社会公共事务发表意见的权利，他们拥有这样的权利意识，并学会正确使用这样的权利，从而建构起未来生活的思维模式和行为模式，为成为一名合格的公民做好准备。这样的意义和价值，岂是"解决眼前问题"所能比拟的？

我的大门随时开，欢迎大家走进来

在上海浦东朝阳义塾餐厅的意见收集栏里，写着一句话：想吃什么写下来，万一实现了呢？一名老师写道：炸鸡翅。没想到，晚上取餐的时候，炸鸡翅真的就摆在餐台上了。

在辽宁海城南台镇，一所不起眼儿的新昌小学，一面墙上醒目地贴满了孩子们写给校长的话。他们的喜怒哀乐，尽情地与自己敬爱的校长分享，不禁让人想象校长抚摸着他们的小脑瓜窃窃私语的温馨画面。

这样的管理者，都是具备民主意识和注重师生权利的人。这种文化浸润着的校园充满"人味儿"，魅力无穷，也具备了成为现代制度学校的基础。

"我的大门随时开，欢迎大家走进来"，这句话我在师生大会上多次讲到，我的目的是告诉大家，在一所学校中，所有人的意见都会得到尊重，所有人的想法都有路径去表达。发表意见，提出想法，是每个人的权利，没有任何人可以剥夺。

于是，我的办公室变得不那么"神圣"和"神秘"了，学生不请自到的时候越来越多。有的代表班级发出各种各样的邀请，比如他们班级负责下一周的升旗仪式，希望我来讲几句，或者要召开主题班会，希望我出席；也有与我分享幸福的，比如某些课程小组取得了成果，他们愿意来告诉我，或者自己考试获得了不错的成绩，也跑过来与我分享快乐；过年过节的时候，不少孩子会带着自己的小卡片、小手工过来，表达他们的祝福；请我帮忙的也不少，比如教师节了，某些班委会成员请我给他们的老师录上一段祝福视频，作为他们送给老师的"惊喜"；当然，免不了的，也有来给老师提意见，跟学校提建议的。一开始，有些孩子是试探性的，甚至在门口徘徊不决。但时间长了，学生们便习以为常，大方自然起来。为此，我也付出了不少"代价"，办公室里常备的那些图书或小礼品,陆陆续续被我送给了那些走进我办公室的"勇敢者",作为对他们敢于表达的"奖励"。

这样的努力经过较长时间的持续后,终于换来越来越多的人权利意识的觉醒以及寻求帮助和改变的主动性的萌发。一个二年级的学生,给我写了一封信,塞我的门缝里,向"校长大大"表达能否不住宿,因为她希望和爸爸妈妈在一起。这封信促成了学校管理模式的变革:原本我就意识到,低年级学生寄宿,不符合教育规律,不利于孩子安全感的形成。但苦于既定的寄宿事实,贸然改变会引发争议,所以迟迟未决。借助这个二年级孩子写得歪歪扭扭的一封信,学校终于开始推动这项变革。

作为一名校长,我非常愿意看到学校出现这样的状态。特别是那些开始思考自己的权利,并在权利遭到侵犯时主动寻求补救路径的人,更加让我欣喜。如果一个社会中越来越多的人拥有这样的权利补救意识,就能促进整个社会法治水平、文明水平的提升。虽然学生只是为了那些"该上的课没上、该参加的活动没参加"之类的"鸡毛蒜皮"的小事而"斤斤计较",但学生的权利意识、民主意识,正是在这点点滴滴不起眼儿的细节中得以萌生。学校应该有这样的职责,让学生走在成为未来公民的道路上。

但实事求是地说,真正主动担当起唤醒学生权利与民主意识的学校凤毛麟角。别说学生,连教师也一样,自身的权利极少得到保护,民主化管理进程举步维艰,相当多的校长故作糊涂:他们在从严治校的宗旨支配下,将教师群体当作了管控对象。教代会、工会、校务公开、民主评议,几乎只剩下一个概念。学校往往制定出近乎严苛的教师考核制度,以涉及教师经济利益和个人前途方面的剥夺性条款,来保证被管控教师的驯服与顺从。

某次,我见到一位小学校长在全市经验介绍的时候向听众们炫耀:"我们有一支优秀的教师队伍,执行力超强,学校出台任何政策,从来没有反对的声音。"台下三四百名校长鸦雀无声,那一刻,我非常质疑:是"从来没有反对的声音",还是"从来不听或听不见反对的声音"?这样的说法背后，是否隐藏着管理者的唯我独尊，以及对教师缺乏必要的信任、理解、宽容和尊重？学校是否尚未建立民主管理的基本模式？声音过于单一，是否意味着学校管理控制性过强及随之产生的教师强烈的叛逆、抵触心理？如果校长缺乏民主意识，是否也会被老师们复制和迁移到学生身上，从而造成学生群体的"万马齐喑"？这与学校教育所追求的为人类社会进步而努力的目标是否背道而驰？

当然，这是一种猜测。但无数实践证明，凡是民主管理水平高的学校，大多风清气正，教师工作热情高，学生学习气氛浓厚；反之，凡是民主管理意识淡薄、校长独断专行的学校，其办学水平和育人质量往往难以提升。

曾经有人针对我提出的"大门敞开"向我质疑：如果所有人有问题都来找你，校长怎么可能应付得过来？再说，如果有问题就找校长，是不是这本身也是个问题？这样的追问算得上一针见血，切中了问题的要害。不过，我仍然认为，在学校民主意识尚不浓厚，沟通渠道暂不健全，特别是尚未建立非常完善的学生申诉制度来保证学生权利的时候，这样的做法是有必要的。这不仅仅是在解决部分学生的实际问题，满足学生的表达欲望，也是在给全体师生树立一个民主管理的榜样。既然我的大门是可以打开的，那么，其他管理者、所有老师，是否也应该打开大门，随时能够听到来自下属、来自学生的声音？在大家"走进来"的时候，有没有认同并尊重"走进来"原本就是他们的权利？

客观说，做到这一点，已经是巨大的突破了。

第四节
听到每一个孩子的梦想

▎案例 ●

二十五年前的梦想

一名退休的英国老师整理阁楼上的旧物,发现了一叠练习册,她吹了吹上面的尘土,这叠练习册已经有二十五年的历史了,它是皮特金中学 B(2)班三十多位孩子的考试作文,题目叫"未来我是……"。

闲来无事,老师翻开读了起来,她很快被孩子们千奇百怪的愿望给迷住了。比如,有个叫彼得的学生想当一名海军大臣,因为有一次他在海中游泳,喝了三升海水,还健康地活着;另一个小朋友想当法国总统,因为他能背出二十五个法国城市的名字,而同班的其他同学最多的只能背出七个;最让人不可相信的是,一个叫戴维的盲学生,想成为英国的一个内阁大臣,因为在英国还没有一个盲人进入过内阁。三十多个孩子都在作文中描绘了自己的未来,五花八门,千奇百怪。老师笑着把它们读完后,突然有一种冲动:为什么不把这些本子重新发到同学们手中,让他们看看现在的自己是否实现了二十五年前的梦想?

老师在报纸上发了一则启事,想要知道自己小时候梦想的同学可以给她写信。紧接着,二十多封书信蜂拥而来。这些当年的孩子有商人、学者及政府官员,更多的是普通人。他们都表示,很想知道儿时的梦想,并且很想得到那本作文簿,老师就按地址一一给他们寄去了。

一年后,老师忽然收到了来自内阁教育大臣布伦克特的一封信。他在信中说:"那个叫戴维的就是我,感谢您还为我们保存着儿时的梦想,不过我已经不需要那个本子了,因为从那时起,我的梦想就一直在我的脑子里,我没有一天放弃过。二十五年过去了,我已经实现了那个梦想。今天,我还想通过这封信告诉我其他的三十位同学,只要不让年轻时的梦想随岁月飘逝,成功总有一天会出现在你的面前。"

这位叫戴维的盲人的确当上了内阁大臣,他用自己的行动证明了一个真理:假如谁能把十五岁时想当总统的愿望保持二十五年,那么可能他现在已经是总统了。

留给学生"做梦"的空间

我们的学校,还允许学生"做梦"吗?

作为教师,应该为了孩子们看起来可能有些不切实际的梦想而骄傲,要让孩子感觉到你对他实现梦想的坚信不疑。这本身就会成为孩子追求梦想最强有力的支柱。这才是真的教育,也是善的教育,美的教育。可在现实中,许多老师面对孩子的梦想不屑一顾,无动于衷,甚至冷嘲热讽。一个班主任在举行"我的理想"主题班会后,跟同事们聊天,说过这样一番话:"就我们班那个小玩闹儿,居然大言不惭地说自己想当什么巡航舰的舰长,就他还想当舰长,就是给巡航舰打扫卫生都不合格。"面对一个孩子单纯的梦想,我们的老师如此刻薄、冷酷,将梦想撕毁得如此彻底,如此无情,真让人心生悲凉。

像这样的情节,在学校屡见不鲜。学生只是排行榜上的一个符号,怎么可能容忍异想天开的梦想存在?当然,可以有梦,不过这个梦必须是"重点高中""重点大学",乃至于将来"开豪车""住豪宅""有好工作""锦衣玉食"。为了学生"好",我们努力把这个"梦"编织得绚丽多彩，以期待学生忘却一切，甘心成为挣取高分的工具。学生原本多样的生命形态、丰富的情感、无限的发展可能又有谁会在意呢？

这并非单纯的教师层面的行为，相当多的学校管理者，也在不遗余力地打造撕毁学生梦想的文化土壤。一所学生完全没有自由，没有独立空间和时间，翻个身、发个呆、与异性同学说句话，都要被处罚，都要被请家长的学校，是不可能允许学生梦想存在的。在应该做梦的年龄，做梦的权利却被无情剥夺，无论这所学校取得了世俗认为的多么出色的成绩，也绝对算不上一所优秀的学校。

西方有一句格言：如果你想造一艘船，先不要雇人去收集木头，也不要给他们分配任何任务，而是去激发他们对海洋的渴望。这句话形象地表明了梦想的价值。儿童心理学家认为，梦想是孩子自我形象的理想化。梦想对于孩子而言，有着无穷的魅力。鼓励孩子追求梦想，孩子会产生强劲的内驱力，面对各种困难也会主动想办法去克服。对爱迪生、毕加索、达尔文、牛顿等人物的研究表明，他们在童年时期，都有一个绚丽多彩的梦，而他们一生为之奋斗的目标，就是早年的梦想。激发孩子的梦想，就是给孩子创造终身发展的机会。

如果问一个老师最重要的责任是什么，每个人都会有不同的答案。其中一定有一个职责，那就是激发与引导每一个孩子青春的梦想。

在今天这个价值多元的时代，对金钱以及物质生活的功利主义追求深深地熏染着孩子们的心灵。孩子在攀比谁家的汽车更高档、谁家的房子更豪华、谁穿的名牌更高贵的过程中，物质的欲望已经不知不觉超越了精神的境界。正是在这样的社会环境中，教育应当成为一个人圣洁心灵的圣地。教师要格外珍惜我们手中独有的孩子梦想开发的专属权，而学校则要赋予教师开发学生梦想的权利。

我在辽宁工作时，提出了"唤醒梦想，从这里走向世界"的核心办学理念。如果一所学校能够致力于唤醒学生的梦想，那将是一所真正把学生当作活生生的人来看待，充满人性、人味儿的学校。

苏格拉底说："教育不是灌输，而是点燃心灵的火焰。"马克思说：

"教育绝非单纯的文化传递,教育之为教育,正是在于它是一种人格心灵的唤醒。因此说教育的核心所在就是唤醒。"唤醒梦想,就是立足于呵护、关怀并张扬学生的生命冲动,使其在已有的现实规定中奋然而起,大胆地去追寻自我,最终达到"实现自我"和"超越自我"的理想境界。

作为学校的管理者,要有意识地为学生提供"做梦"的机会,开展梦想教育,给孩子插上梦想的翅膀。

我到一所小学去,看到三年级孩子们开展"中国梦,我的梦"主题教育实践活动,觉得很有意思。学生们自己动手制作了"梦想卡",在祖国版图上写下自己的梦想:好好学习,天天向上,长大以后成为一个……的人。他们还大胆畅想二十年后的自己会变成什么样子,并在纸上画出了"未来的我"。通过活动,相信孩子们会明白,一个人要进步必须有追求、有梦想,有了梦想还要坚持、协作、探索,相信自己、相信未来,这样才会实现自己的梦想。

北京立新学校专门编写了《梦想管理手册》,学生每周填写,内容包括上周学习总结、师生关系、心情、本周学习计划等。在教师的引领和激发下,梦想不断细化、清晰、具体,并得以落实。班主任、家长、导师与学生的深度谈话和交流,以及对成长之路的分析和寄语,帮助学生主动对自己的梦想进行规划和管理。这个过程中,学生们制定自己每学期甚至每月的学习与成长目标,不断分析自己的优势、不足和收获,总结成功的经验和方法,记录成长的感受和快乐,将自己崇拜的人、人生格言、人生目标、座右铭等张贴于课桌、卧室等能经常看到的地方。这些都成为北京立新学校学生们规划和管理梦想的有效办法。

教育就是唤醒梦想。学生一旦有了梦想,就有了学习的动力,就有了自我的完善,就有了人生的方向,知识学习、能力提高、自我发展就成了一种主动的事情,这不就是我们梦寐以求的教育效果吗?

要摆脱"过度现实"的教育

几年前,《长江商报》报道:六一前夕,武汉市汉阳五里墩小学三年级学生洋洋(化名)在作文《我的理想》中说自己的梦想是"买20套房子、中100万大奖"。无独有偶,"加油!努力!为了人民币!""梦想将来有很多钱"等夹杂了金钱和名利的理想出现在了湖北省某小学的毕业生留言册上。

这让我想起《非诚勿扰》中女嘉宾马诺的经典"名言":"我宁愿坐在宝马车里哭,也不愿意坐在自行车上笑。"一哭一笑,是"拜金女"集体形象的生动概括,如此现实的爱情观让人瞠目结舌。

从学校到社会,从孩子到成人,太多的人染上了"过度现实"的疾病。

对"买20套房子、中100万大奖"的孩子,我们"大吃一惊":一个人的梦想可以不那么伟大,但最起码不要太过功利,倘若这孩子为这目标奋斗不止,那他将会成为怎样的一个人?

对"坐在宝马车里哭"的女孩儿,我们感到无奈:追求物质条件本无可非议,但应该以男女双方是否真心相爱为爱情的基础和选择的标准,这样朴素纯美的爱情观,已经被无情的现实击得体无完肤了吗?

这些现象让我们痛恨,但我们是否应该反思,年轻人的"过度现实",是否恰恰源于教育不断传递给孩子们的强烈信号?我们抛开家庭教育的影响,单纯来看老师和学校,又何尝不是起了推波助澜的作用?

"只要学不死,就往死里学""提高一分,干掉千人",这种赤裸裸的标语就悬挂在学校里,是否与教育引导人向善、向美,与教育促进人类文明、众生平等、弱小应得到保护的普世精神相背离?

"想办法挤对他,让他赶紧走人",对那些让人心烦的"双差生",运用"智慧"将其排挤到社会,这是不是在某些时候成了我们"心照不宣"的选择?

"读书是为了挣大钱、享佳肴、坐豪车、娶美女",这样的价值观在不少老师的头脑中存在,这是不是"人不为己,天诛地灭""书中自有黄金屋,书中自有颜如玉"的翻版?

"请将此明白书熟读背诵后销毁",为了迎接检查,不惜让学生说谎,这样的教育是不是为了眼前的利益,而完全忽略了学生的成长?

"升学率是唯一标准",有几个跳楼的又如何?只要升学率上去了,我的回报就是完美的。这样的思维方式在我们的学校中是不是普遍存在?

这样的"现实思维",不断推动着我们的下一代,走进一条越来越灰暗、越来越看不到未来的道路。

"过度现实"让孩子变得乏味、孤僻。中国青少年研究中心调查结果显示:孤独、泄气、紧张、心烦、觉得自己是别人的负担、对成功没有信心,表示"经常有"以上6种不良心理感受的儿童占受调查者总数的平均百分比为13.6%,表示"时常有"的达到43.1%。有79.5%的孩子"有时"或"经常"感到紧张";有69.8%的孩子"有时"或"经常"感到心烦"。

"过度现实"让孩子变得自私、狭隘。卢刚因论文奖落选,竟然开枪打死了4位太空物理学家,继而仇杀了自己的获奖同学。河南宣化一位16岁少年刘某因与女友吵架,竟然丧心病狂地开着轿车朝行人一路碾轧,致2死13伤。云南大学生马加爵因琐事与同学积怨,经周密策划和准备,先后将4名同学残忍杀害。

"过度现实"让孩子变得贪婪、冷漠。李镇西老师曾讲过一件事:

他工作过的一个学校,有一个当初花钱买来的尖子生考上清华,班主任老师请他回校给高三学生讲讲学习方法,他问学校:"多少钱?"班主任老师说:"你考上清华不应该感谢学校吗?"他说:"我考上清华跟学校有什么关系?"这个学生学习能力不可谓不强,智商不可谓不高,但他就是钱理群教授所说的那种"绝对的精致的利己主义者"。

辩证地看,一个人的追求现实一些并非一无是处。做名"土豪",只要不是为富不仁,也能做出很大贡献。想"当官",这也是社会需要的,只要能清正廉洁、为人民造福，并没有什么不妥。我们要防止的是太过现实，导致学生的理想走向另一个极端。自由主义、享乐主义、实用主义、个人主义流行，主流价值观渐渐迷失，许多人没有了信仰没有了敬畏，这种倾向非常危险。

应该说，这正是多年来学校极力追求应试教育、功利教育，而德育弱化、人格教育缺失带来的不可避免的后遗症，相当一部分学生，从读书到走上社会，理想教育严重"缺钙"。

白岩松说：青春应以梦为马，不要让现代的青春以"宝马"为马。著名哲学家任继愈先生曾提出忠告：现在的青年对实际利益看得过重，不够浪漫、理想。人生是万米长跑，不要只看到前面的一百米，不要只顾眼前利益。年轻人要有一点理想，甚至有一点幻想都不怕，不要太现实了。

理想，是一双翅膀，能够支持人生在天空飞翔。不要让我们的孩子陷入"过度现实"的泥潭，否则，他们可能成为匍匐在地的爬行动物，再也看不到满天的星光。

给学生更多的选择权

一位学者去一所中学调查，当问到学习和生活中遇到难题，一时解决不了该怎么办时，被调查的150名学生几乎异口同声：找父母解决。没有一名学生回答自己先想办法解决，实在解决不了，再找父母帮助。而当被问到今后准备从事什么职业时，竟有90%的学生说要等回家问过父母才能回答。

这个调查结果让人担忧：缺乏自主性，缺乏独立生存的意识，不注重自我选择，成为时下孩子们的通病。这种现象的出现，与我们家庭教育和学校教育合力剥夺了孩子们的选择权息息相关。为什么不少孩子学习积极性不高？为什么孩子参与集体活动缺乏动力和勇气？原因其实很简单，那就是他们一直被要求、被绑架，被剥夺了选择的机会。当我们没有给学生提供选择的空间，没有把选择权还给他们，满足于越俎代庖，他们势必只能被我们牵着鼻子，人云亦云，亦步亦趋，毫无活力和生机。

没有选择权，根本谈不上自主与责任，没有选择权，更不要去说什么追求梦想。

信息社会为人类带来了前所未有的机遇和挑战，"不断选择"已经成为人们的生活方式之一。纵观世界各国的课程改革，我们不难发现，"选择"是最基本的特征之一。学校通过设置多样化的课程，使学生享有尽可能多的选择机会，从而实现个性化的发展。比如：法国高中的课程如同一个万花筒，三年下来，有的学校竟找不到两张完全相同的课程表。挪威、瑞典在高中阶段都为学生提供了十几个发展方向，学生可以根据自己的兴趣和能力，选择其中的一个发展方向。这样的课程选择，最终会让学生发现自己、唤醒自己、成为自己。

因此，让学生拥有可选择的生活，应该成为学校管理者的一个追求。

我曾经带领我的团队做过一些尝试。譬如：在校长助理、学生会干部、十佳少年的评选中，每个学生手中都有宝贵的投票权；各类学生优秀作品、优秀节目的认定，把决定权全部交给学生；课程可选择；拥有设计班级文化的权利；食堂菜品可选择；"奖励"和"惩罚"的手段可选择；等等。这些看似细小的事务，却能在学校生活中，让学生逐步增强主动选择的意识和能力。

实践证明，选择权的真正落地，阻力往往来自父母，因此，想办法赢得父母的支持和配合，也是学校工作的重点。我曾经遇到过这样一个案例：

学校开设选修课，一个七年级女生早早根据自己的想法，有了选课方案。因为"抢课"的时候，她有事不能自己操作，于是跟妈妈千叮咛万嘱咐。结果，网络抢课开始，妈妈擅自做主，将女儿所选的艺术类、科技类的课程全部换成了自己心仪的学科竞赛类的课程。女儿知情后，痛哭流涕，母女关系降至冰点。妈妈一肚子委屈，觉得自己的好心被孩子当作了"驴肝肺"。

这位母亲的做法，代表着相当一部分父母的心声：我们不会害你的，我们比你懂，你按我说的做，准没错。完全是一套"我吃过的盐比你吃过的面还多"的理论。有的父母不考虑孩子本身的素质、兴趣，妄图完全按照自己的意志，对孩子像捏泥人、捏面人似的强行塑造。有的父母不懂孩子的心理特点，不能体验更不能进入孩子的心理世界，武断地用自己的思维方式代替孩子的思维方式。打着爱的旗号，理直气壮地限制孩子，每件事都给孩子画好了"道"，孩子的选择权被无情地剥夺了。这种环境下长大的孩子，往往失去了独立思考和承担责任的机会，变得没有主见，人云亦云，在未来竞争激烈的社会环境中何以立得住脚呢？

有人可能担心，孩子这么小，还不成熟，有些事让他选择，选错了怎么办？

其实，人生的很多选择并无对错之分。况且，偶尔选错又有什么大不了的？给孩子一点自作主张的机会，摔几个跟头，绕一段弯路，甚至碰碰壁，这恰恰是一个人成长最好的机会。辨别正误、合理选择的能力，永远要靠实践才能得以提升。关键是，选择和责任是一对孪生姐妹，人的责任感就是在自我选择中形成的。如果一个人只有被选择权，他也就无需承担什么责任。同时，在选择过程中，又能培养孩子克服困难、战胜困难的顽强意志，形成遇事冷静、有主见的良好心理素质。

对一个人而言，最重要的是身体和灵魂获得自由，能够主宰自己的命运，独立给自己的生命赋予意义。当我们真正把选择权交给学生，他们的存在感会大大加强。他们会独立承担，产生责任感、信心和勇气，提升社会生活技能，增长面对并驾驭复杂局面和环境的本领，他们的身上，就会散发出独特的青春的光泽。

对学校而言，这是比学习知识、获得成绩更加重要的任务和使命。

第四章
提升课堂的力量

> 只有让学生不把全部时间都用在学习上,而留下许多自由支配的时间,他才能顺利地学习……(这)是教育过程的逻辑。
>
> ——苏霍姆林斯基

第一节
为学生的二十年后而教

案例

一场关于"有用"和"无用"的辩论

有段时间,学校搞了一些活动,艺术组组织了合唱比赛、美术作品展、舞蹈专场、迎新年晚会;体育组邀请CBA球队与孩子们一起活动,组织篮球、足球联赛,组织拔河比赛,冬季三项比赛,等等。学生们很喜欢,活动效果也不错。

但是,有家长给校长信箱写了一封信,表达自己的质疑:王校长,我很赞同您提出来的"全人"教育理念,也知道要让孩子们拥有健康、快乐的童年生活,但我还是有一些困惑,学校的活动孩子倒是很喜欢,可是这些活动到底有多少真正有用呢?

我知道,这位家长隐含的一层意思,语数外这些与升学考试有关的事,才真正有价值,而音体美"玩一玩"就好,本身没有多大意义,何必要让孩子花费太多的精力呢?

其实,不仅仅是家长,部分老师也存在着类似的认识。这种教育价值理解上的偏差,很容易影响到学校工作的实际效果。

于是,我安排了一次别开生面的教师培训活动——以"艺体活动究竟是否有用"为题,组织了一场辩论。在大家唇枪舌剑的争论中,对问题的理解逐步清晰起来。

有滋有味儿的"无用"更让人受益终生

前几年,我和当年刚参加工作时教的第一届毕业生聚会,酒席间谈起在乡镇学校的那段经历,一个学生问:"王老师,您知道当年学校给我留下印象最深的是什么吗?"我猜想她会说老师多么负责任、同学们多么努力或者早恋之类的,结果她说:"我印象最深的,是每天一放学,一群老师就坐在办公室前的月台上,吹拉弹唱,不亦乐乎。大家团团围住,都舍不得回家。"

她的话一下子勾起了我的回忆。是啊,那个其乐融融的画面终身难忘。那时候物质生活是贫乏的,但师生的精神生活却那么充实。

这让我不由得想起"杂交水稻之父"袁隆平的一篇文章,说他抗战后期就读于重庆的一所教会中学,虽然校舍简陋,除了一栋半砖瓦半黄泥的学生宿舍,其余都是竹片黄泥房,却有一片风景美丽的山林。七十多年过去了,在岁月流逝与淘洗中,停留在老人记忆深处的却是那些与教育看似无关乃至"无用"的美丽山林,还有鸟语花香。

这与我学生眼里的"吹拉弹唱"何其相似!

当你把学校教给你的东西都忘掉之后,剩下来的才是教育。我的学生仅仅记得"吹拉弹唱"吗?那种乐观,那种融洽,那种对艺术的爱,都变成了价值观,影响着他们的一生。但这些,与考试,与成绩,却隔着千万里之遥。

有时我想,现在的孩子还有童年吗?他们从小就穿梭在各种培训班,考着各种各样的证书。在很多父母、老师眼里,童年纯粹是浪费时间,所以要想方设法把孩子的童年压缩,多干点有质量、有意义的事,越来越低龄化地画上所谓的"起跑线"。甚至以此为由,牺牲了孩子与父母、亲人相处的时间，牺牲了他们游山玩水、任意玩耍的机会。

这种功利，不仅体现在父母身上，也体现在学校里。学生所有的时间和精力，都被各种各样的强化训练、达标测试淹没和充塞，他们的一举一动，一言一行，都只是为了"有用"的分数而忙碌与拼搏。学科也被分为了"主科"和"副科"，副科的地位岌岌可危，虽然挂在课表上，但被人排挤、占用的现象司空见惯。

有家长跟我强烈反映，为什么周六日学校不能组织上课，孩子两天无所事事，这不是浪费时间吗？我开玩笑说，你是不是希望孩子干脆别放假，或者一个月才放一两天？他笑笑，默认。也难怪，我们很多"考试名校"不就在这样做吗？

好好学习，有个好成绩，上好学校，无可厚非，但如果以此为理由，把所有取舍的标准都定位在"有用"上，把那些"无用"的东西全部从生命里剔除，那我们真的会因为一个拼死拼活得来的满意的分数而幸福吗？更何况，不是我们把眼睛只盯在"有用"上，满意的分数自然就来了。

若干年前，我认识一对夫妻，都是名牌大学毕业，对孩子要求甚高。夏天的晚上，大家常在外面散步，但从来没见过那个女孩的影子。她的父母认为，散步的闲暇和自由，完全是浪费时间。于是，给孩子排满了各种课外课程，布置了五花八门的学习任务。结果，天资本来很聪颖的孩子，不到初三就出现了严重的心理问题，后来花很长时间到北京、天津就医，连普通高中都没读成。

可怜的孩子！如果除了分数，他们面色苍白、体质羸弱、心灵枯萎，甚至连正常表达、交往能力都没有，即使考上了大学，走出来的也可能是连生活能力都没有的"有知识的废物"，如何去面对自己的人生？这正是一味追求"有用"带来的恶果。一个人只接受所谓"有用"的教育，长大之后一定不要指望他会产生什么思想与智慧、个性与情趣，也不要奢望他会有什么爱心与孝心、责任与担当。

上文的那个女孩是偶然现象吗？显然不是。只可惜大部分家长抱着侥幸心理：这样的倒霉事怎么就会落到我头上呢？

可一旦落到自己头上，后悔莫及。

一个人接受教育的目的，是完善和提升自己，获得幸福生活的能力。人们生活质量的提升，往往是那些看似"无用"的东西带来的。

我虽然是个老师，但非常喜欢读诗，也喜欢写诗。诗歌有用吗？从填饱肚子、穿暖衣服的角度而言，没有用。但我知道，在遇到人生困境的时候，恰恰是那些看起来没有任何用处的诗歌让我屡屡渡过难关，以更加坚韧的生命状态顽强地生活。2018年，我来到辽宁海城办学，曾经提笔写下："不惧权贵不畏神，越多沧桑越率真。悲喜无关谁眼色，得失只凭我欢心。才识江南梅雨浅，又遇辽东秋色深。辗转沉浮何须悔？相伴尽是追梦人。"（《四十九岁生日述怀》）一首诗蕴含着丰富的人生感悟和复杂心情，我就是借用文字，赋予自己更多的能量。

同样，这个世界上如果没有了歌声，没有了绘画，没有了文学，人类又会是什么境况？

王开东老师说：当我们的孩子觉得学习一点也不好玩的时候，我们的教育就已经死了。给孩子丰富多彩的校园生活，永远是教育该做的事。"无用"之用，是为"大用"，必须跳出功利的窠臼，赋予学生自由发展的"大用"空间，给学生发展保留无限的可能，才是教育的正途。

为学生的未来而教：培养学生的关键技能

我曾经看过一部纪录片，反映的是19世纪的德国教室，与中国现代的教室几乎一模一样：整齐的方形课桌，认真听讲的学生，老师在讲台上挥舞着教鞭，将书本上的知识灌输到学生的脑袋里。这种设计便于大规模、高效率地"生产"出适合于工业生产所需的劳动力，这种教室成为了中国甚至全球教室设计的范式。在汽车替代了马车、手机替代了电报的今天，中国的教育似乎并未发生多少变化，主流的教育模式仍然在培养孩子快速、不出错地执行重复性任务，以刷题为主要路径，以死记硬背为主要形式，以排名来优胜劣汰，沉迷于追求大学文凭之中。这样的教育理念并不能支持我们应对信息社会未知的挑战。如果说今天的教育奠定了未来20年社会发展的基石，那么无法回避的问题便是：我们的教育，到底应该教什么？应该怎么教？到底应该培养什么样的人才？哪些知识和技能才是学习者和劳动力所应具备的"21世纪素养"？

在这方面，世界各国都在积极探索。例如，为了给欧盟各国提供支持，欧盟在2005年发布了《终身学习核心素养：欧洲参考框架》。大家熟知的芬兰，一直在PISA（国际学生评估项目）测试中名列前茅，2014年芬兰国家教育委员会完成了全国核心课程改革规划，2016年正式实施。让我们回到中国，2016年9月，由北京师范大学牵头研发的《中国学生发展核心素养》正式发布，从文化基础、自主发展、社会参与三个方面确定了学生的六大素养。这些说法，虽有不同表达，但实质内容并无根本性差别。这些努力，都在试图探索能够应对未知的未来社会变革的人才培养问题。但遗憾的是，对一线学校和教师而言，这些标准的阐述，却依旧有遥不可及、隔靴搔痒之感，很难落地生根。

与之相比，我认为学校更应该把着力点放在培养关键技能的研究和实践上，因为关键技能才是决定一个人未来生存优势的保障。在这方面，我很欣赏美国哈佛教育学者托尼·瓦格纳的观点，他在著作《全球两极分化：为什么我们最好的学校也没有教给我们孩子最新的生存技能——以及我们能够为之做些什么》中列出了在当今信息时代成功所需的"生存技能单"，这七大生存技能是：

1. 问题解决与批判思维能力。
2. 通过网络合作与通过影响力领导。
3. 灵活性与应变力。
4. 首创精神与创业能力。
5. 有效的书面与口头沟通能力。

6. 信息的获取与分析。

7. 好奇心与想象力。

我时常想，如果学校对这些技能，有了分学段、分年龄的可操作的评估标准，课堂所做的，是借助教材内容，将这些技能赋予学生，变成他们的思维模式和行为习惯，而不是满足于获取那些冷冰冰的知识，且学生的成绩单上由一串串分科的分数演变为对上述关键技能水平的评估，那我们的教育将会呈现怎样的状态？我们的学校又将给孩子提供一个什么样的未来？

虽然这样的观点，在当下应试教育的大潮中看起来有些虚无缥缈，但非常可贵的是，我们的一些学校、老师，已经在主动进行着摸索。

深圳市"年度教师"孙立春在自己的文章《为未来而教：一位特区"年度教师"的教育思悟》中写道：

我认为，好老师要善于发现教学的规律和本质。教师就是孩子的摆渡人，陪伴他们从人生的此岸到达理想的彼岸，并在途中探索未知的世界。在课堂上、实验中，我不再是"一言九鼎"，而是与学生一道分析现象、发现规律、寻觅真理的同行者。为了拓展学生的思维广度与国际化视野，我充分利用互联网技术手段，引导启发他们开展无边界学习，VR（虚拟现实）、MOOC（慕课）、平板电脑等，已经成为我们常态化教与学的得力工具。当美国宣布首次探测到引力波、中国决定设立引力波科研项目的重磅科学新闻传出，我第一时间组织学生查找资料，了解引力波的概念，还鼓励学生给深圳大学、南方经济大学、中山大学、香港科技大学、哥伦比亚大学的教授学者发邮件，请教引力波对未来人类科技进步的影响等问题。学生们说，敢去问为什么、敢去质疑一些"定论"，让他们觉得很有趣。而我跟学生在一起时最愿意听到的一句话就是："老师，我很好奇……"也因此，光启实验室、大疆无人机设计室、腾讯总部、前海蛇口自贸片区展示馆，都留下了我和学生"约会科技"的足迹。就是这样，崇尚科学的种子在一点点萌芽，探求未知的习惯在一天天形成，用创新的理念与手段为学生营造最好的学习条件和氛围，我和学生始终在路上。

孙老师的优秀就在于他洞察了未来社会对人才培养的新的要求，主动从固化的教育思想樊笼中挣脱出来，在课堂教学中，超越教材的既定内容，坚持发现和开掘学生的兴趣和天赋，着力于学习、思考和解决现实世界的场景与问题，注重对思维品质和关键能力的培养。机械的知识的学习量减少了，但学生们在学习过程中的积极投入，证实了这个过程中学习在"真实发生"。而他们在这个过程中所历练的关键技能，如好奇心、想象力、合作力、表达力等等，都将成为他们未来勇于闯荡世界的重要资本。特别强调的是，如果在这样的过程中，教师善于发现并引导学生走向自己的优势天赋，开发出每个人独具热情、特别擅长的技能，那不仅能为学生未来从事的事业打好基础，也会使学生在"兴趣"与"职业"的一致中收获最大的幸福。

但我们也清醒地认识到，推动这样的变革并非易事。中国有一个无比庞大的教育系统，50多万所学校，1600多万教师，2.7亿学生，数不清的教育培训机构，无数的教材体系，加上已经固化的人才选拔模式，牵一发动全身。这个系统像一艘巨轮，即使看到了正确的终点想转向，也得经历异常艰难的过程。

但这仍不会让我们丧失信心，无数像孙立春一样的老师、像李希贵一样的校长，正在这条希望之路上坚定地往前走。回到序言所谈：每一项来自系统内部的创新和改变，都可能影响到整个教育生态的改善。在这艘巨轮调头的过程中，越来越多的人尝试着为之努力，在批判性思维和创造性解决问题的能力方面，在权利与民主意识方面，在历练关键技能、核心素养方面，都在展现着良好的态势。

或许，我们手里擎的只是一柄"孤桨"，对巨轮而言，微不足道。但教育呼唤更多的理想主义，呼唤更多的勇气和担当。如同阿姆斯特朗在1969年7月21日登月时所言，"这是我个人的一小步，却是人类迈出的一大步",微小的力量汇聚在一起,将不可估量。我们今天做的每一点努力,都将最终促成信息时代教育的伟大变革。

教什么比怎么教更重要

　　我曾经给语文组提供一篇课外小说,用来给初二学生上课,几名老师都能做到教学设计完整、周密,教学方式丰富、精彩,体现出教学艺术的高水平。但是,借助这篇文本到底应该教什么,几个人想法却大相径庭。研讨中再深究一步,对初二学生而言,小说的教学要求是什么,课程标准是如何界定的,大家的认识都很模糊。

　　课改以来,人们把注意力过多地倾注于"自主""合作""探究"等教学方式的研究,并将其列为最重要的课堂评价指标。于是,一堂课"是否实现了教学方式的转变"几乎成了践行课改成败的标志。语文组的这次活动可以看出,教师们把气力更多地用在了"怎么教"上,而对"教什么"明显缺乏缜密的思考。大家没有从思想上解决对课改本质的认识,只在"招式"上大做表面文章。

　　"教什么"是对教学内容理性的思考,是在上课前首先要解决的问题,"怎么教"则侧重于方式方法,由教学内容决定。打个比方:如果说"教什么"是我们要去的地方,"怎么教"则是到达这个地方所采用的交通方式,如步行、骑自行车、开汽车等。如果要去的地方都没搞清,不管采取什么方式,我们能到达目的地吗?答案当然是否定的。

　　为什么大家会普遍忽略对"教什么"的研究?我想有两点原因不容忽视:

　　一是长期以来,教材成了教师走路的"拐杖",离开教材,教师就会一片茫然,手足无措。许多教师满足于做教材的"传声筒"——备课就是把教材中涉猎的内容原封不动地搬过来,在课堂上再把这些内容原封不动地搬给学生。教师不知道教材内容和教学内容的区别,对教材缺乏独立见解，在"教什么"上说不清道不明，对整套教材体系更是一本糊涂账，这就难免教学上的不知所措。根据学生的实际对教材进行增删、调整、融入自己的学科精神和智慧等，都成为了奢谈。二是长期以来的考试"指挥棒"导向，造成了教学中普遍存在"考什么教什么"的现象，老师们喜欢研究考试，热衷于揣摩命题人的心理，对考试热点大教特教，对非重点则"大胆放弃"，根本不关心课程标准的要求是什么。这种"以考定教"的做法完全曲解了"教什么"的本质，极容易造成学生知识体系的不完整。

一个"拐杖"，一个"指挥棒"，导致教师缺乏对教材的深透理解。就一篇教材内容而言，具有哪些教学价值？对具体的学生来说，应该选择怎样的教学内容？从教师本身来说，能否胜任这样的教学内容？这些，是远比教学方式更重要的问题，是教师在选择教学方式之前必须弄明白的事情。

怎样确定"教什么"呢？我想提几点最起码的要求：一是教师对教学内容要有意识，即知道自己在教什么，并且知道为什么教这些内容，以及这些内容在整个教材体系中的位置及前后关联；二是一堂课的教学内容要相对集中，不要过于分散，让学生学得相对透彻，那种一堂课动辄七八个学习目标的做法不可取；三是要选择与学生现有的知识基础匹配度适宜的教学内容，学生"跳一跳，或再跳一跳，就能摘到果子"，而不是无法企及、敬而远之，并且清楚学生学习过程中可能遇到的障碍，以及解决障碍"铺设台阶"所需的知识有哪些。总之，要凸显"教学内容"的价值与意义，所选择的内容有助于学生知识结构、学科素养、人格修养、技能技巧、独立思考能力等方面的完善和提高，否则，一切都是徒劳无益的。

内容是皮，形式是毛，皮之不存毛将焉附！如果一节课下来，目标定位不精准，课堂没有厚度、广度，无论你用什么教学方法，都将是无根之木、无源之水。这是教学需遵循的基本逻辑。

第二节
教学管理的真实属性

> **案例**

取消公开排名带来的困惑

在江苏某地筹办民办学校的时候，我准备在学校推行"四个消灭"——消灭体罚、变相体罚现象，消灭考试公开排名，消灭教室里的特殊座位，消灭罚写作业现象。在一次全区工作汇报中，我对此进行了介绍。

散会后，教育局长专门把我留下来，跟我交流她的看法。那是一个很干练的局长，说话非常直爽，她告诫我，她对我的提法很感兴趣，但"消灭考试公开排名"，建议我要谨慎。

我诚恳地请她阐述一下理由。

她说：很简单，因为根本做不到。如果你考完试不公布排名，家长还不得闹翻了天？我知道这样排名不符合教育规律，甚至不符合相关政策，但是，这里的教育生态就是这样，大家习以为常了，你非要改变，弄不好会栽跟头。家长把孩子送到民办学校，就是为了成绩。如果你坚持不公布排名，会制造更大的焦虑，家长会发疯的。

学生不是成绩册上的一个符号

家长的焦虑我自然清楚，没有排名，如何了解孩子的情况？没有排名，拿什么来"刺激"孩子上进？排名似乎成了一个法宝，一副灵丹妙药。你看，几十、几百甚至上千名的学生，鼠标轻轻一点，按总分、平均分，按各学科，按班级、年级，各种排名的结果便彰显无遗。那些优秀者"神采飞扬"、信心倍增，那些落后者"面红耳赤"、知耻而后勇，这是多么好的事情啊！

诚然，学生考试成绩的名次是客观存在的，如果运用得当，既可激励学生上进，又可检验教师教学得失，不失为一种有效的教育手段。然而，就现实的普遍情况而言，不少教师处理学生排名时简单、生硬，排名应有的积极意义消弭殆尽。

一位成绩优秀的学生在日记中写道：

我不赞成每次考试都要排名次。以分数决定自己在班级中的高低，给我们造成的心理压力很大。虽然我成绩并不差，还是比较害怕。把名次公布出来，如果（成绩）不如别人会让人笑话：你还没有谁考得好。

优秀生尚有如此的压力，何况那些成绩不佳的学生。当他们的名字摆放在公开栏里，千人看，万人瞧，或许会有个别人"悔恨交加""幡然醒悟"，从此"一飞冲天"，但我相信更多的人会在耻辱、悲痛的情绪压迫下，变得焦虑、苦闷，一蹶不振。这是无数的事实证明过的。

这样的道理并非所有的管理者都不懂，那为什么大部分学校仍然热衷于排名呢？我想，这仍然是竞争思维在作祟。排名一公布，所有的学生都被架上了"竞争"的舞台，还怕他们不拼命"跳起来"？所有老师的"水平"也都暴露在"光天化日之下"，还愁他们懒散、消极吗？在这样的思维引导下,公开排名便光明正大地成为许多学校管理的一把利器。

但这样的做法,不可避免地催生了许多后遗症:

首先是极容易带来学生心理的不健康。成绩排名倡导的价值取向是"我要超过周围的人""我要争取拿第一"。当一个人的自尊自强仅仅是为了将别人比下去的时候,它作为指导行为的价值观是有消极作用的。争取好分数、好名次,是为了超过别人时,就意味着把别人当作竞争的对手和敌人,他对周围的人是防御的、不信任的,往往会制造人际关系的紧张与冲突,对班集体中学生的凝聚力具有极大的破坏作用。当一个人总想超过别人,就很容易陷入担心、焦虑、害怕失败,或者是当面临实际上输给别人时,产生抑郁与绝望,心理不健康就有了萌芽的土壤。在现实中,不难看到一类学生,他们集追求成功、没有主见、缺少自信而又极为好强、虚荣于一身,走到极端,开始作弊,或为优秀学生"制造障碍",只为取得一点点可能的名次提升,这是非常危险的人生观和价值观。况且,在一味追求名次的驱动下,他们过分看重结果,全部快乐局限于打败别人、超过别人,丰富的学习过程、学习体验变得不再重要,这不正是当今社会喧嚣浮躁和急功近利的根源吗?

其次是人为地将学生分为"三六九等"。有一组调查数据显示,考试结束后,60%的学生认为最关心的是成绩,58%的学生认为最不想知道的是成绩排名。学生关心自己的成绩,希望获得高分,却畏惧成绩排名。排名对成绩优秀的学生固然是激励与肯定,同时也造成巨大的心理负担,他们必须始终保持领先地位,否则,会被师长视为不正常;而排名对基础差的学生更多的是一次又一次地被击败,背上沉重的心理包袱。因为排名,考差的学生经常会被有些老师戴着有色眼镜对待,特别是那些简单按教学成绩排名来判定教师水平的学校,情况更加严重。部分教师不仅将学生划分为三六九等,还会冷嘲热讽、想方设法排挤那些拉低分数的学生。在这样冷漠、毫无安全感的环境中,这些学生只会越来越差。

2017年12月,教育部正式印发《义务教育学校管理标准》,规定"考试成绩不进行公开排名，不以分数作为评价学生的唯一标准"。这样的规定，旨在还给教育本来的样子。如果只凭分数和名次来给学生贴上成功或失败的标签，而看不到德智体美各方面的发展，这是过分短视的行为，只能让我们的孩子没有未来。

不可否认，考试成绩可以客观反映学生某个阶段的学习情况，但是，每个人的能力千差万别，仅凭分数这把尺子难以全面客观评价一个学生。提倡了多年的素质教育之所以难以成长壮大，归根结底还是唯分数论没有真正寿终正寝。取消考试成绩公开排名，无疑是铲除唯分数论滋生土壤的有效突破口。尽管此举不是一劳永逸的根本办法，但它至少能对根治唯分数论的应试教育观起到"吹皱一池春水"的积极作用，其意义自不待言。

"绿色升学率"带来的思考

2015年3月，第六届京师基础教育创新论坛在福建省福清市举行，会议期间，北师大董奇校长组织了一个小型的校长座谈会。他提出，从升学率的角度来说，他希望北师大的附校在当地学校中处于第一团队就可以了，未必非要"第一"，他甚至不主张做"第一"，一旦成为所谓的"第一"，很容易被升学率所绑架，因竭尽全力保住这块"招牌"而使学校"误入歧途"。

几年过去了，我仍然难忘座谈时自己内心的那份激动，在各级领导都把升学率作为"政绩工程""面子工程"而拼命追逐的时候，董奇校长这番话如同一股清流，让我看到了真正遵循规律办学、真正以学生发展为本的教育思维。他提倡的"绿色升学率"的概念与我一直以来的追求不谋而合。

我并非否定升学率，在"一张试卷定终身"的人才选拔机制下，追求升学率在情理之中，但我坚决反对片面追求升学率。张志勇教授在《人是教育的终极目的》一文中写道：

追求升学率本身并没有错，为广大人民群众的子女提供更好的学习机会更没有错，错就错在为了追求升学率而违背党的教育方针，放弃甚至牺牲学生全面而有个性的发展，导致许多学生的发展不全面、不健康；错就错在为了追求升学率而违背教育科学，放弃甚至牺牲学生的正常发展，导致许多学生成为应试教育道路上的牺牲品；错就错在为了追求升学率而放弃教育的公平正义，放弃甚至牺牲部分学生的教育权益，导致许多学生成为学校教育的"陪读者""边缘人"。

总体看，片面追求升学率有着鲜明的特征：将升学率高低作为评价学校的标准；违背课程标准的要求，只顾考试课程并随意增加超越课程标准要求的内容，取消或削弱不考课程的教学；忽视德育和体育，削减课外活动和规定的生产劳动；频繁进行应考训练，经常由地方或学校举行统一考试、模拟升学考试，强行规定在节假日、寒暑假上课、补课或辅导，增加学生的学业负担；只顾毕业班，不顾其他年级；只顾重点班，不顾普通班；只顾少数可能升学的学生，不顾大多数学生……

以此标准衡量国内的学校，恐怕很多都能够"对号入座"。

做任何事都会有成本，教育也不例外。当我们看到某些学校"光鲜亮丽"的升学数字时，能否更深一步去追问：成绩背后，是否把学生的身心健康作为了代价？是否把学生引向只注重死记硬背知识的片面发展道路上去？是否存在为了追求部分人升学而把大量学困生放弃不管、甩给社会的做法？是否导致少数学生丧失信心，甚至厌学、弃学？是否造成具备特殊天赋的学生失去了发展的路径？是否忽视了学生的人格、品质教育，造成学生"成才"却未"成人"？是否存在不计教师健康成本，无限度地侵占教师个人时间和空间，失掉教育可持续发展根基的现象？是否违背政策，争抢生源，扰乱了教育的良好生态？

在这样一连串的追问面前，我们还有多少教育局长、校长能够心怀坦然？

所谓"绿色升学率"，强调的是以学生的全面发展为核心任务，绝不以牺牲学生的身心健康为代价来寻求所谓的高分，让孩子健康、快乐、全面发展。它有三个特征：不以加重学生过重课业负担为代价；不以损害学生身心健康为代价；不以牺牲学生其他方面的发展为代价。在这三点基础上所抓的升学率，必然带有了可持续发展的品质。

我们常说，教育要为人的终身发展和一生幸福服务。那么，如何用一个浅显的方式来认识或判断我们所做的教育是否具备这样的功能？我们不妨这样自问自答：我们现在给予学生的，放到二十年后去考察，是否有价值？如果答案是肯定的，则可认为我们的做法是有价值的。也许这样的一个追问有助于我们拨开迷雾，看清事物的本来面目。

在写下这些文字的时候，我是忧心忡忡的，我的面前仿佛矗立着一堵坚硬的高墙，而自己的力量是那么弱小。站在二十年的时空节点上来判断我们教育的价值，这并不是一件非常困难的事。可惜，现在太多的人，尤其是有绝对话语权的人，只根据眼前利益来确定和推广所谓的教育价值观，因此才有了只顾政绩、不顾学生未来的选择。不知道过二十年再回头看，我们现在的选择，到底能给教育、给这代人、给我们的民族留下什么。

让课堂"安全"起来

三十年来，我听过几千节课，发现了一种很奇怪的现象：许多教师的专业素质非常厉害，但课堂效率却很低，教学成绩也不理想，似乎很难解释。

在涉足心理学后，这个问题的答案逐步被揭开。这些课堂之所以效率不高，很多时候是因为没有给予学生足够的"安全感"。学生紧张、焦虑，不太敢表达自己的观点，总是"察言观色"，揣摩教师的答案。他们的讨论、思考、表达都在"不安全"的氛围中流于形式，最终狭窄化、趋同化。当表达被压制，思想被限制，课堂效果理所当然会被抑制。

我主张课堂建设的"三个属性"：育人属性、安全属性、高效属性。其中安全属性强调的是，要在课堂上给学生提供一种稳定的、放松的、愉悦的、积极的、开放的心理环境。主要外在表现为：

学生能自由地发表见解，而不担心被讥讽、被指责、被批评；能积极参与小组合作、交流分享，而不感觉到紧张、自卑、孤独；师生、生生关系和谐，没有沟通交流的心理障碍；被尊重、被重视，而不会被伤害、被冷落、被歧视；能真切感受到学习的乐趣和生命的意义，而没有痛苦感、乏味感；敢于尝试、敢于冒险，不怕失败、无所畏惧。

在这样的情况下，课堂氛围融洽，积极向上，学生的精神生活丰盈，学习能力也更强，更稳定，更持久。学生产生了积极情绪，才会愿意探索，才能培养出真正的创新意识和创造力。

现实中的许多课堂，没有做到这一点。在我看到的课堂中，学生表现为沉默、紧张、恐慌、羞愧、自卑，甚至掺杂着体罚和语言冷暴力。我们必须承认，在任何一所学校、一个班级，都会有一部分学生因为学习基础、自身能力、个人努力程度，甚至家庭背景、身体健康状况等复杂的原因，在学习上落后于他人。在我看来，一节课传授的知识再多、再快、再高效，如果有学生因为成绩不理想或个性方面的一些原因，处于一种尴尬、羞愧、自卑甚至压抑的学习状态，如果有学生面对老师的提问面红耳赤、语无伦次、低头不语，或者回答问题时如履薄冰、心惊胆战的话，这样的课堂绝对算不上安全课堂，也算不上有效率的课堂，更别说什么优秀课堂。

为什么要把安全的课堂生态放到这么重要的一个位置来看待呢？脑科学研究表明，在安全的环境下，人脑能够更有效吸收信息，快速反应，学生学习的主动性与创造性更加强烈，思维更加活跃，理解与记忆更加准确，学生更加敢说、敢疑、敢问、敢写、敢演，这些无疑都是构成课堂高效的基础和条件。

但我主张建设安全的课堂生态，不仅仅是为了提升课堂的效率，还有着更深层次的教育价值判断。

人活着，都有一种被认同、被尊重、被理解，以及自我实现的需要。中小学生表现得更加强烈。参与到课堂的活动中，而不是被"视而不见"；自己的思考被人接纳，而不是惨遭训斥的"大棒"痛击；与同伴之间相互交往，而不会被嘲笑……这是学生的权利，更能给予学生生命在场的体验。这种体验，将很大程度转化为学生更加健康的身心。在安全环境下成长的人，更宽容，社交能力、情感体验以及认知能力都更强。这一切都指向人的生命质量的提升，因此，安全课堂本身就具有很高的育人价值和发展意义。

不得不说，应试教育给安全课堂生态的构建制造了巨大的阻碍，不少课堂教学演变成为一种背离人性的活动。有的课堂完全忽视了教育的生命特性，致力于塑造考试的机器、分数的奴隶、谋生的工具，而不是把学生培养成具有人格魅力、心智健全、个性鲜明、能力全面的人。这样的课堂是不安全的，也是非生态的，这种非生态性已经演变成一种畸形的教育模式，学生个体的差异性被忽略，学生的个性发展遭到压制，原本应该充满生命气息的精神交流场所，却变成可怕的窒息心灵的"精神地狱"。

生态系统的核心原理就是联系和共生。如同自然中的生态系统一样，具有安全特性的课堂，也应该是教师、学生及课堂环境等诸多要素动态组合、联系共生的结果。其中，"师"和"生"作为最重要的两大要素，对课堂的生态状况起着决定性作用。

应该做些什么呢？

强调教师的倾听，遏制教师的话语霸权。教师不要扮演"权威"的角色，要了解学生的真实想法、理解程度和表达水准，要学会放下架子，专注、耐心、主动地听，即便是学生的表达有缺陷，也不要随意打断他们的话语。好的倾听的特征是：平和理解，不忽视，不急于评价与建议，向学生传达一种真诚、肯定和无条件的尊重与接纳，让学生感觉到安全。

强调学生的展示，减少教师的自我发挥。要把学生展示作为课堂的重要环节。教师要理解和宽容学生在学习场所的各种表现，充分尊重学生，转换自己的角色，保护学生的积极性，把学生当作成人来尊重。在成人社会交往时不会做的事情，在课堂上也尽量不要做，平等的氛围能够让学生感到安全。

强调气氛的愉悦，控制非正义的课堂行为。教师要尊重学生的选择，尊重学生的不同见解，要营造一种相互请教、相互帮助的氛围，促进学生之间的相互接纳。教师必须具有正义感，要能够抵制课堂上学生之间的各种伤害，包括嘲笑、言语伤害甚至身体伤害。

强调座位的编排，改变非生态的组织形式。可改变"秧田式"课堂编排形式，代之以开放的"月牙型"或"马蹄型"、"圆型"或"环型"、会议型、小组型。通过面对面甚至头靠头、手拉手，开放师生的思想、方法、言语乃至体态，拉近教师与学生、学生与学生之间的距离，消除彼此在心理和空间上的隔阂，促进课堂中多元的社会交往活动，让整个课堂成为一个具有生态性的相互依存、平等共生的"学习共同体"。

学习首先起于心，其次才是一项智力活动。那些可以无拘无束地思考、质疑和表达的课堂，学生被尊重、被接纳，也能学会接纳、尊重、善待他人，从而获得了充足的"安全感"。

第三节
课堂教学之辩

▌案例

一个教研员的"自白"

我做过六年的中学语文教研员,听课评课,指导教师们的课堂教学,对我而言,是非常神圣和严肃的一件事。每次听课,我都无比专注,认真,生怕漏掉课堂中的一些细节,听课笔记上,总是写得密密麻麻,分析、质疑、建议,应有尽有。

但我的一个同事,看起来就轻松多了。每次听课,他都做不到聚精会神,有时候中午喝了酒,下午就在课堂上昏昏欲睡。瞥一眼他的听课本,也常常一片空白。可是,这丝毫不影响他评课或者向领导汇报的时候"侃侃而谈""头头是道"。

我非常奇怪,不认真听课怎么能评课呢?一次偶然的机会聊到这个问题,他神秘地一笑,拿出统一印制的听课本,翻开扉页,是一份教研室统一执行的优质课堂评价细则。

他指着那份评价细则说:简单,评课的时候照着这上面的十几条标准谈就行了,永远不会出错。

一份流产的高效课堂评价表

抛开我这位同事的工作态度姑且不论，现在回想起来，他当初跟老师们翻来覆去交流的内容，大约可以称为"正确的废话"。这里涉及一个话题：我们的课堂能否制订一套放之四海而皆准的评判标准呢？

十多年前，我替上级教育行政部门拟定一套高效课堂的评价细则，作为优质课比赛的评分标准。一开始我不以为意，课堂评价的资料到处都是，稍加借鉴，算不上什么难题。但是，当细则草拟出来，我在实际听课过程中评估它的可行性，问题就来了：评分细则看似翔实周密，却根本无法反映实际课堂的多样性。譬如，我在细则中加入了"形成性评价"，希望一堂课注重对教学目标落实情况的检测或反馈，但当我遇到一节以"读"和"演"为主要活动形式的语文课，如何评分呢？能因为这堂课缺少"形成性评价"的环节便一票否决吗？显然不合情理。最后，我把自己的研究成果推翻了。

这件事让我警醒。评价一节课，有不同的视角和纬度，妄图用一个简单的标准来量化，实在不是什么明智之举。

有人跟我说：您不是一直很在乎学生的感受嘛，那是不是可以理解为，学生爱听的课就是好课呢？评判课的优劣，我的确很在乎学生的感受，我极力反对教研活动中，很多老师惯有的从教师角度出发评价课堂得失的方式，一开口就是"老师备课很充分，知识点把握准确""语言丰富，感染力强""基本功扎实，板书漂亮"，并不是这些不重要，但课堂毕竟是学生用来学习的地方，他们在课堂中真实的感受和状态如何，他们的收获多与少，才是一节课实际成败的测量标准。听课时，应该把观察学生作为重点，无论一个教师课堂的表现多么"出色"，如果没能转化为学生的"出色"，都注定是无意义的。

但这并不代表着，只要学生喜欢，就一定是好课。学生喜欢，是好课的一个必要条件，但不是充要条件。

我读初中的时候，一位大学毕业实习的历史老师，备受我们崇拜。他上课就像说评书，幽默，生动，会讲很多好玩的历史故事。但终究也就停留在了"好玩"的层面，我们并未得到关于历史学习的更多启迪，也没能对历史学科的意义和价值产生深刻的理解，结果期末考试一塌糊涂。教材有着具体内容，教师可以二次加工，但绝不能天马行空。这样的课虽然学生喜欢，但并不能算是好课。

因此，浮于表面的"学生喜欢"并不能直接作为评定好课的标准。但是，我主张观察和评判一节课时，要把侧重点更多放在教师是不是"眼里有学生"。真正优秀的教师会时刻关注人的情感、心绪、体验、思维构建，看似传授的是知识，但传授过程体现出"随势就形"的特点，这个"势"、这个"形"皆因不同的人而定。知识顺着人的脉络攀爬，人顺着知识的光亮前行，而老师就是二者的"黏合剂"，始终在调动人、启发人、激励人，因人而"选择""拿捏"知识。

因此，评判一堂课，需更多关照以下几点：

看学生的学习是否有意义。过于平顺的课堂往往无意义，教师讲的东西学生都已经掌握，这节课为什么还要上呢？一节课的初步意义是学生学到了新的知识；进一步是锻炼了学生的能力；往前发展是在这个过程中有良好的、积极的情感体验，产生进一步学习的强烈要求；再发展一步是学生越来越主动投入到学习中去。这个过程，充分体现着教师对学生知识基础和学习能力的把控。

看学生的参与状态。一看广度。学生是否都参与到课堂教学中来了？是否参与了课堂教学的各个环节？二看深度。学生是被动应付地学习，还是积极主动地探究？是浮光掠影，浅尝即止，还是潜心钻研，情动意发？教师"唱主角"的课不是好课；只是少数优秀生展示才华，大多数学生作陪客旁观的课不是好课；表面热热闹闹，实际没有引起学生多少认知冲突的课不是好课。

看学生的交流状态。要确保学生身处平等、宽松、民主、和谐的学习环境，安全地与同学、教师甚至教材进行平等的对话：他讲错了，没有关系；他提出问题，有人关注；他不认同老师，不会受批评；他对教材有异议，也没有人指责。

看学生的达成状态。"面"上说，要看一节课下来，对多少学生是有效的，学习目标掌握的程度如何。"点"上说，要看是不是各个层面的学生都有收获，都有进步。如果整个过程中，大家都有事情干，学生发生了一些积极的变化，这节课应该算得上成功的课。

有一次我在听课后，围绕以上几个点去评价课堂的不妥之处，上课的老师不开心地说：其实备课的时候我不是这样想的，我想的是……

我提醒她，我们现在讨论的不是你的想法，而是你交付的、由你的想法"衍生"出来的"产品"。一节课呈现出什么样的样貌首先取决于老师脑子里课的"雏形"，但课后的研讨最有价值的是分析为什么没有呈现出我们想要的课堂。

这就引发我们去思考，一节课，从老师脑子里的"想"，到交付给学生的"产品"，中间隔着什么？

人的想法，是脑子里的，有大量潜台词和自己假设出来的"理想情景"，它随时变化，想法的交流对象只是自己。而课堂是什么样呢？它的很多外部条件是定型的，但内核是几十个大脑发生碰撞、变化莫测的地方。从这个角度而言，无论你从教多少年，每一天它都是崭新的，从不重复。学生关注的不可能是教师备课时的想法，而只能是教师在课堂诸多要素互相作用下即时生成的"产品"。

实现从"想法"到"产品"不走形，最主要的是解决两个问题：

一是备课时一定要考虑学生这一因素。一节课中，学生在哪儿（认知、情感态度、状态），学生做什么、如何做，老师在哪儿"接招"，这些问题必须有着落。

二是上课时一定要关注学生的内心。这要求教师对学生在学习过程中呈现出来的心理活动（注意力、兴趣点、思维障碍等等），要有较强的洞察力、理解力。学习过程犹如"翻山越岭"，一个优秀的老师不但能领着学生的"脑",更要"路过"他的心。说实话,这并不容易。这也是为什么许多老师在学科素养方面有了较高水准,但课堂仍无太大起色的原因。

做老师是一门"人学",所谓课堂教学,可以理解为一场从自身出发,通过知识的关节,通过师生交往的脉络,通过弥漫在人与人之间的精神气息,最终实现的对"人"的深刻洞察与抵达。这既是课堂的本质,也是教育的本质。

因此,没有对学生心理、思维、精神状态、年龄特点的深入关注与解析,所谓的课堂评价只能是沙上建塔。

公开课要立足于提供研究的样本

一位山西网友给我留言,倾诉苦衷:她要上一节全市的公开课,没想到备受折磨。教学设计是教研员谋划的,几乎没有她的想法;上课的问答指定了具体的人,反复彩排;最让她受不了的是,为了保证上课效果,她班里将近四分之一的差生即将被取消"上课资格"。

越来越多的"虚假成分",让公开课饱受争议。很多时候,公开课就是一场"表演秀":课堂成了教师的"T型台",学生"热火朝天",教师"热血沸腾",形式多样,活动频繁,对话流畅,俨然一场华丽的演出。学生不再是公开课受益的目标,而纯粹成为包装讲课教师的"道具"。

出现这样的情况是由于公开课被赋予了太多额外的价值,很大程度上展示的是一个教师、一所学校的水平,成则一炮打响,败则百口莫辩,太多的功利意图扭曲了人们对公开课的认识和态度。在这种情况下,谁还敢轻易涉险,上一堂真实的公开课?

还有一个原因,公开课设定的教学目标往往脱离实际,普通学生很难在一堂课的时间里完成规定的学习任务;公开课的评价标准过于侧重学生的表现和教学的形式,而忽略了学生的知识和能力基础。有时候,不造假就完不成规定的教学任务，就没有亮点，得不到认可。

由此可以判断，导致公开课作假的真正"罪魁祸首"，往往不是教师，而是管理者。不少学校，将参加公开课，获得不同级别的奖励，作为评定教师业绩的主要方式，导致很多教师上公开课带有功利目的，比如为了职称评定，为了骨干教师评选，为了干部任用和提拔，等等。这些看起来并不"高尚"的讲课动机可以理解，但弊端在于，一旦公开课的初衷定位于此，当一个教师在职称评定、评优评先等方面再无强烈的需求和意愿，他们就会迅速成为远离公开课的人。大家不再把讲公开课作为提升自己的机会，而是当作迫不得已的麻烦事。

那么，是不是公开课就没有价值了呢？网上曾经就此发起过讨论，参与讨论的大多是一线教师和教研人员，在他们的眼中，公开课虽然无法纯粹，却不可缺少。公开课在教师的专业成长过程中起着重要的作用，只要还有教育，公开课就不会谢幕。

北师大教授肖川指出：公开课最大的价值在于为教学研究提供鲜活的样本，为研讨提供相应的话题，探索新的教育思想在教学常态下的呈现方式和路径。

公开课的关键在于"公开"二字，一个教师讲了一节公开课，他公开的是什么呢？从表面看，无非具体的教学内容及呈现内容的过程和方式。许多公开课后的评课都会紧紧围绕这些内容进行。如果只限于此，公开课的价值会大打折扣。虽然面对的是一堂课，但我们的着眼点却应该是一个比课更大的教学单位，那就是从一节课的具体教学内容安排及呈现内容的过程和方法中，找到其蕴含的设计思想，并对这种思想加以评价。评课的"评"字，主要不是对这堂课得出一个好或不好的结论，而是评价这堂课的设计思想如何，这才是上公开课的真正价值。如果我们注意到的只是课堂的组织形式、教学的手段及步骤等这些操作层面上的东西，便没有找到其本质的价值，即这些操作方法所要达到的目的。

我在学校提倡打造"精品常态课"，反对过分"包装"。公开课如果定位于"展示"，则很容易走向表演。正因为是常态下的呈现，它就能给人以学习借鉴的意义。正因为是探索，所以无需圆满，即使是不成功的地方，也能从反面给人启迪和教训。这样的课，是真正服务于教师的，也将教师从一味作假、迎合的泥潭中摆脱出来。学生以正常的"人"出现在公开课上，教师也在真实的公开课中得到历练和成长。把"人"还给了课堂，这样的课堂案例才有了真实的价值。

不要过度模式化

在教学模式的问题上，我曾经走过一段弯路。课改以来，中国的学校似乎突然间脱胎换骨，百花齐放般呈现出各种各样的"教学模式"，譬如杜郎口中学"10+35"模式、昌乐二中"271"模式，等等。这些学校声名远播，门庭若市，仿佛找到了解锁中国教育的秘诀。

于是，我供职过的一所学校作为地方名校，也急不可待地加入了"开发"教学模式的大潮之中，炮制出"三段六步式"高效课堂教学模式，并在此基础上，实施"三级建模（学校—学科—学科不同课型）"的实验。这一实验"卓有成效"，获得了全省新课改十周年优秀成果奖。但我一直有个困惑：这样的一个模式科学合理吗？它真的推动了课堂教学质量的提升吗？我们拿什么来验证？

关键的问题就在于，我们缺乏检验实验成效的证据。资料显示，全国中小学大约提出了6900余种教学模式，这个数字令人瞠目结舌。仔细去分析，不难发现，它们大同小异，不过是表述方式略有区别罢了。这样的发现让我思考：我们"发明"这么多的模式，意义何在呢？后来的一件事让我更加怀疑这项工作的意义。学校邀请某教育报刊的知名记者，准备做些宣传。酒席间，这位记者拍着胸脯说：像你们这样基础不错的学校，创品牌的最佳捷径就是搞课堂模式，你们放心，给我两个月的时间，我帮你们设计自己的模式，进行系列宣传，保证让你们在全国"火起来"。我知道这个记者的影响力，他并不是在"吹牛皮"。但这番话也让我头脑一下子清醒起来，这些所谓的"模式"，更多的不是助推学校改天换地的"法宝"，而是将学校原本的成功转换成博取利益的一种"包装"。模式建构到了今天，我们要反过来想，它到底解决了课堂教学多少实质性问题呢？答案恐怕是模糊的。

有老师经常问我：我们到底该不该要模式呢？我认为，完全没有必要在这个问题上纠结，每一个教师，因为长期的工作和经验，早就不自觉地在自己的学科教学领域内建立了某种模式，只不过这种模式带有强烈的个人习惯、风格和色彩，自己也未必能够察觉。但问题就出在，当我们试图找出某种模式，从而实现课堂的"工业化管理标准"——统一流程、统一时间、统一要求，还符合不符合教学的规律呢？

这是目前大部分学校模式建构中存在的问题：渴望以一套标准和程序供老师套用，从而提高课堂效率。但世界上没有万能的教学模式。一种教学模式在某时某地由某人针对某一教学内容，可能是简捷高效的，而在彼时、彼地、彼人身上可能会失效。教学过程主要是由教师、学生和教学内容三个基本要素组成。教师的教学理念、教学态度、教学能力、个性品质，学生的学习态度、知识结构、技能水平、班风学风都可以对教学模式产生巨大的影响。而教学内容也是教学模式选用中一个不可忽略的问题，没有一种教学模式适用于所有的教学内容。因此，渴望"一招鲜吃遍天"，在课堂教学中是违背常识的。

我们不妨继续追问：我们进行模式构建的目的是什么？

显然，一切教学行为，都是为了学生的发展。教学本身的价值有着丰富的内涵，绝不仅仅限于知识的发展。但我们去剖析绝大多数学校提出的"模式"，几乎都把着眼点落在学生获取、掌握知识的层面上，尤其是硬性规定的"讲几分钟""练几分钟"等内容，更使这种课堂追求达到了极致。而课堂教学的伦理价值可以理解为学生的生命价值，没有什么比生命更值得关注。由此追问我们极力规范的教学程序，为课堂营造了什么样的生态？生命在哪里？当学生的生命存在完全让位于知识的存在，生命的价值沦落于知识的价值之下，这是多么可悲的事情！僵化的、单一的、缺乏灵动的教学过程无力提供生命灵动性生存的环境，"人"不见了，教学还有什么意义？

我也曾幻想过一种理想状态，当教师完成了对模式的调整、修正、完善、优化，就能走出模式这个"套路"的限制，创造出学科变式模式，从而在新理念、新思想、新方式的基础上，发挥各自的教学风格和特点进行教学。但无疑，受管理者思维方式的影响，教师自身能力水平的限制，大多数教师一旦进入学校规定好的模式，便会甘心于约束，从而让课堂陷入僵化的泥潭，能够主动挣脱的，寥寥无几。

因此，对僵化的模式应该保持足够的警惕。模式僵化一定导致教师思维僵化，而教师思维僵化，肯定会导致学生思维僵化。这一点在很多学校日复一日、毫无新意的课堂模式"创造"中已经弊端尽显。

我们不妨把教学模式的"规范价值"向"示范价值"转变。一字之差，含义天壤之别。一种教学模式，它对教师的教学指导价值在于"示范"而不在于"规范"。通过示范，折射出一所学校对课堂教学价值的定位和理解，而示范的东西是可以模仿的，模仿是创新的起点。但这一切强调的是引领，而绝非"一刀切"式的硬性规范。规范的东西只能遵照执行，不可逾越，不可轻易打破，而这对课堂教学这种学术范畴的事务，并不适宜。

学校管理者，只有勇于割舍那些不符合课堂教学规律的管理举措，才能真正卸除教师身上不必要的"枷锁"，从而为教师赋能。

第四节
看得到人的课堂

> **案例**
>
> 一次课堂教学的探讨
>
> 一位教育学博士到某校去搞课堂教学诊断，教师讲授"因式分解"，课堂气氛极其沉闷，课后测验效果很差。大家会诊后认为，这位老师的课堂教学仍沿用了传统的"满堂灌"，如何体现"自主、合作、探究"？如何培养学生的"创造性思维"？大家集思广益，重新帮这个老师备课。在第二节公开课上，以"学生发现"为主导思路的课堂设计展现出可喜的局面，课堂气氛异常活跃，在教师引导下，学生积极思考、探索，竟然总结出七八种解题的方法……
>
> 就在大家为这节课的成功击节叫好的时候，课后测验结果却给大家泼了一瓢冷水：测验要求学生运用尽可能多的解法来完成一道因式分解试题，而大多数同学只会用一种方式，少部分同学运用了两至三种。课堂上曾出现的丰富多彩的解题思路，在测试中并没有得到体现。
>
> 为什么测验结果与课堂上学生的"发现"大相径庭呢？专家组研究发现：原来，学生掌握的只是课堂上他想出来的解法，至于其他同学提出的解法，他们根本不会。再追查下去，答案终于揭晓：造成效率低下的原因，是学生在课堂上根本没有认真倾听其他组学生的发言。

不仅"心中有案",更要"目中有人"

我主张听课时要多观察学生,看他们的情绪变化,洞察他们的心理状态、思维状况,摸清他们对学习目标的掌握程度。

传统的课堂过于注重教师的表演和学生的整齐划一,教师的课堂互动以短平快的问答为主,一切顺着教师事先设计好的线路推进。课堂观察的视线集中在教师身上。而学生"秧田式"排列,遵守着严格的课堂秩序。

这样的课堂,往往强调落实"双基",只在传授学科知识的框架里寻找与挖掘可能的发展,忽略了学生作为一个人的存在,他们的感受和尊严、情感和人格,遭到普遍的漠视。

学习是学生的事,不关注、不研究学生,不把学生首先作为一个有思想、有个性的独特生命来看待,很难真正建设以学生为本的课堂,也很难实现课堂真正的"高效"。

一个年轻老师一节课忙活得浑身是汗,可学生大眼瞪小眼,无动于衷。下课后,她很委屈,把教案拿给我看,上面密密麻麻,写满了蝇头小楷,可见下足了功夫。可为什么却是这样的结果呢?

我告诉她说:"在课堂教学中,一定要做到八个字——心中有案,目中有人!"

构成课堂的要素有三个:教材、老师、学生。如果以教材为本,教师就会成为教材的传声筒,而学生则是一只只被填食的鸭子;如果以教师为中心,学生则是台下的观众、过客,甚至是睡客。无论是教材本位,还是教师本位,这样的课堂都忽视了教育的真正对象——学生。

想要课堂高效,必须时刻警醒:我的眼中有学生吗?当我们辛辛苦苦地查阅资料,详详细细地写出教案,课堂上罗列出一二三四,把知识讲得滴水不漏,学生却并不领情的时候,我们是否想到,只重视讲的严谨,却忽视学的规律,不能从学生学的角度科学地调整自己的教学方式，教学肯定会走进"误区"?

怎样才能算是"目中有人"呢？我认为要特别关注以下内容：

1. 学习准备：学生课前准备什么？是怎样准备的？准备得怎么样？学生的准备习惯如何？教师不妨在课前转一转、看一看、问一问，对学生的基础学情有更多的了解。

2. 学习动机：除关注知识内容外，要始终重视内在认知动机的激发，要想方设法调动学生更多的兴趣和热情，让学习逐渐成为学生自我维持的过程。

3. 学习内容的选择：到底要给学生哪些内容？是否照搬教材就万事大吉了？要时刻找到学生的基础和起点，以此为基本依据去选择、调整和重组学习内容。教材的深浅、内容的搭配、例题的选择，都可以根据需要予以改变。

4. 学习方式的组织：教学行为要符合学生的心理特点、学习能力和学习习惯。教师需要思考的是：学生可以自主、合作、探究的学习时间留有多少？提供哪些展示形式？怎样确保有序进行？学习的质量如何？

5. 学生的主动有效参与：学生参与的人数、时间、对象、过程、质量如何？教学设计、课堂气氛是否有助于学生表达自己的奇思妙想？学习目标是否面向全体学生？是否关注不同学生的需求？特殊（学习困难、残障、疾病）学生的学习是否得到关注？

6. 特殊情况的处理：课堂上随时出现的特殊动态，教师能否及时捕捉？对有利于教学进程和教学效果的情况是否给予关注和提炼？对与课堂学习相悖的学生行为，教师是否及时予以纠正和引导？

"备学生"才不会"对牛弹琴"

一个老师上完课后气呼呼地说："简直是对牛弹琴，我这么精心准备的一节课，学生怎么会无动于衷？"

这是我们经常听到的一种论调，似乎课堂教学的失败全在于学生的麻木不仁。真相是这样吗？假定这个老师所说的比喻是成立的，学生为"牛"，那么，"牛"需要你去弹琴吗？琴声并不能满足"牛"的需要，"牛"需要的可能是草料。学生之所以无动于衷，恰恰是老师给错了东西。当你给的是学生不需要、不感兴趣的东西，你还能奢望学生在课堂上积极主动地"配合"你吗？

虽然那位老师口口声声说这是"精心准备"的一节课，但我敢说，她并没有认认真真地研究学生。

"备学生"并非新生事物。但是，在听课中能够深切地感受到，一个教师能够真正考虑学生实际，站在学生层面来思考和安排课堂教学的并不多见。所谓的"备学生"往往只停留在口头上，并没有融化在教师的思想中。

应该清楚，了解学生与了解教材同等重要。一个教师通过几年、十几年的教学，对教材有了比较深入的理解和研究，这种理解和研究一旦确定，就变成了教师自身的文化构成，相对比较稳定。但是，教师面对的学生却不一样，每个学生都有不同于他人的兴趣、爱好、性格、气质，即使同一个学生，也会随着时间的推移、空间的转换表现出不同的特点。在绝大多数教师的备课中，对教材的了解和研究要远远高于对学生的了解和研究，犯了本末倒置的错误。因为，教师对教材的研究结果，必须通过学生得以落实。不了解学生、不研究学生，对教材知识的传授也就很难达到预想的目的。

请看一位心理教师的教学日记片段：

课前，我与该班班主任、任课教师了解情况，掌握了一些班级概况和部分学生的特点：敏感，个性，不轻易服人，厌学，网络迷恋，凝聚力不强，等等。后来还了解了部分特殊学生的具体情况。我记在教学日记上，思索，并为该班"量身定制"教学内容。我凝视点名册上那些熟悉和不熟悉的名字，渴望面对面接触他们，走进他们的心灵。

第一次课，我非常留意学生的表现，默记于心。课后，把本堂课成功的地方、不足之处、下节课要注意的问题写下来，重点记录了学生的课堂表现，具体到人。在点名册上做记号：已经认识了谁，对谁还毫无印象。

第二周上课前，我翻阅了上次的教学日记。一周过去了，印象已经有些模糊，教学日记使我与上节课迅速连接起来，包括教学内容、课堂上的提问及学生的回答情况、学生的表现等。

第四节课的时候，我已经完全不需要座次表了。我拿着点名册说："今天不用点名了，我已经认识所有同学了。"他们说："啊，学心理学这么厉害，这么快就认识我们了！"我随意叫着同学的名字回答问题，有时会指出他们曾在第一节课表述过什么，提出过什么。我看到，一开始无精打采的几个同学，愕然于"老师真的认识我""我说过的话自己已经忘了老师却还记得"，渐渐抬起头坐直了脊背，脸上散发出专注的光辉。我们坦诚面对，相互交流，气氛越来越融洽。我知道，这与我学不学心理学无关，是我所做的"备学生"的功课渐渐显现了效果。

如果每一位教师都能够像这位心理教师一样，在"备学生"下足功夫，教学效果岂能不好？

如何"备学生"呢？

一、全面了解学生

学生的知识、能力基础如何？摸清底数，确定教学内容的难易。不同年龄的学生有怎样的认知特点？制约他们发展的情感因素有哪些？也要想方设法加以了解，制定相应的教学策略。研究学生的生活背景也很重要，包括学生的经历、经验、思想和生活状况。

二、摸清学生动态

要从动态角度熟悉学生，如学习进退、作业完成的变化，组织纪律、兴趣爱好的变化，受到表扬、批评和同学之间有纷争、矛盾后的变化等。特别要了解和关注后进生的情绪变化，对他们的微妙进步，应及时给予肯定鼓励。

三、掌握班级状况

包括班级特征、学生构成、智能结构、学习情况、兴趣爱好、组织纪律、对本学科的学习态度及代表性意见、典型学生状况等。

四、找准教学起点

不断向自己发问：学生是否已经掌握或部分掌握了教学目标中要求掌握的知识、能力？掌握的程度如何？没有掌握的是哪些？哪些新知识是学生自己能够自主学习的？哪些需要教师的引导和点拨？……根据学情，把握起点，有针对性地设计、实施教学。

五、明确发展目标

备课中强调思考的核心点：这节课，我将使我的学生在哪些知识点、能力点、情感态度与价值观上有所发展？时刻关注个别差异，设计不同目标，提出不同要求，做到有的放矢，因材施教。可以分层次设计练习和作业，让各类学生均有收获。

六、设计活动方案

对课堂的活动形式、活动次序进行全盘精细考虑，找到学生喜欢的活动方式，给每个学生独立思考的空间和自我表现的机会；活动方式要寻求变化，避免跌入一成不变的"套路化"的模式中。

让课堂评价语言靠"人"近一些

斯坦福大学著名发展心理学家卡罗尔·德韦克及其团队针对纽约所有公立学校的学生调研表明：夸奖学生聪明，往往适得其反。当频繁地夸学生聪明时，孩子会这样推理：我很聪明，所以我不用那么用功。他们甚至会认为，努力很愚蠢，等于向大家承认自己不够聪明。德韦克认为，表扬的效果是好是坏，取决于表扬本身。研究发现，具体、明确、针对某一件事情的表扬，才能发挥作用。最好的表扬，是肯定孩子的努力，而不是能力。表扬学生努力用功，他们会认为，成功与否掌握在他们自己手中；反之，夸奖学生聪明，等于告诉他们成功不在自己的掌握之中。这样，当他们面对失败时，往往束手无策。

这个研究成果能给我们很多启发。课堂评价贯穿于整个教学过程，它决定着课堂教学的走向，影响着课堂教学的效果。当前不少课堂，特别是公开课，教师评价学生时表扬声一浪高过一浪，"说得太好了，大家为他鼓掌""嗨、嗨、嗨，你真棒"，似乎给予学生的表扬越多，就越能体现课改理念。但静下心来反思，表扬是不是太滥了？以学生发展为本的评价理念，在实践中是不是被演绎得"过了度""变了形"？评价真正实现了它的自身价值吗？传统教育一味地批评、指责、否定学生，当然弊病重重，但如果学生每天都沉浸在"棒棒棒，你真棒"的声音里，评价语言没有变化，每个人所得到的评价没有区别，学生的心里恐怕会产生免疫力，评价的激励作用也难以实现。

一切教育措施的出发点皆为"有效"，评价也是如此。有效的课堂评价应以学生的发展为出发点和归宿，是促进学生发展的催化剂。诚然，鼓励、称赞等激励性评价，对保护和提高学生的学习热情有着积极的意义，但这并不是说，我们就必须追求一味的表扬式评价，而忽略否定性评价。其实，太多的激励性评价会造成学生自我感觉太好，经不起批评和挫折，稍有不如意就情绪低落。所以，课堂上究竟该采取怎样的评价方式，要根据实际情况灵活掌握。

当学生的表现有明显进步，如回答到位、见解独特、表现精彩时，教师的评价应不吝赞扬之词。比如："好哇，这种做法很好，你真会动脑筋""你的发言很精彩""又是一种很好的解题思路""这个问题很有价值"。如此亲切、明朗、热情洋溢的语言，学生听后怎么会不被感染？

当学生表现不理想时，教师善于敏锐地捕捉到学生点滴的闪光点，予以认可和肯定，让他们看到自己的能力和进步。或者通过幽默的语言化解学生的尴尬，小心翼翼地保护学生的心灵，帮助他们纠正学习中的错误。例如："也许有的同学还有新的见解，你想不想听一听？""说错是正常的，老师也会有说错的时候，没关系，再说一遍。"这样评价，学生容易接受，也不会对他们的自尊心造成损害。

当学生思维活跃意见相左时，教师的评价要深入浅出、追根问底，引导学生在激烈的争辩中相互启发，碰撞思维，理清思路。要给持相反意见的学生以申诉的机会，要给发生错误的学生以重新修正观点的机会。

当学生的情感态度与价值观有一些偏颇时，教师的评价要学武术中的"四两拨千斤"，化腐朽为神奇，既尊重学生的体验，又把学生本有些偏激的价值观不露痕迹地送上正道。此刻的评价，最忌讳直白的否定，而应突出教师的智慧，运用幽默的语言进行引导，往往收到奇效。

许多教师仅仅强调对知识的正确与否进行评价，注重测量学生的知识掌握程度，却忽视对学生学习过程与方法、情感态度与价值观的评价，尤其对学生学习的兴趣、良好的心理素质、新颖的学习方法、学习过程中独到的体验和感悟，更是缺乏及时的、丰富多彩的评价。这说明教师仍然将主要焦点集中于学生学习成绩上，没有多角度地去评价学生，忽视学生个体发展的独特性，往往扼杀了学生创造的火花。

教师不要把自己当作课堂上唯一的"裁判"，可以把"评价的尺子"交给学生，让他们产生使命感，也有当一回评委的情感体验，往往给教学带来意外之喜。

课堂教学评价应该是一种民主、平等的"对话"，这种"对话"过程贯穿着尊重人、爱护人、发展人的人本主义情怀，能为学生内心注入巨大的能量。

第五章
重构学校的文化

> 学校文化是学校信奉并付诸实践的价值理念,如果一所学校宣传学校已经有文化了,那必须具有全校教职员工都具备了的共同的价值理念,人们不仅共同信奉,而且还付诸行动。
>
> ——郑杰

第一节
让文化成为一种力量

案例

一所校园文化"名校"的诞生

河北某地一名小学校长向我"求助",说教育局长新官上任三把火,推出"一校一品"校园文化评估制度,所有学校都要参评。他刚刚调到一所城郊结合部的普通学校,这所学校倒是有三十多年历史了,不过校舍陈旧破烂,校园文化建设几乎一片空白。他对学校的情况还不熟悉,而评估一个月之后就要进行。怎么办?

我给他出主意,抓紧调研学校的发展历史、文化积淀,搞一搞教师的座谈会,或者面向学生、家长征集一下反馈意见,好好梳理一下,在这个基础上考虑校园文化的建设。他叹口气:来不及啊!

一场聊天就这样结束了。大约过了两个月,他忽然联系我,告诉我一则"喜讯":全市校园文化建设大联查结束了,他的学校被评为"十佳"。我有些发蒙,两个月前还"破烂不堪"的学校,这样的"奇迹"是怎么创造出来的?

他笑着告诉我,他联系了浙江一所百年名校的校长,拿到那所学校全套的校园文化建设方案,找到装修公司,依葫芦画瓢,进行复制拷贝。短短的时间,学校就"改头换面"了。

不仅是装修,连那所学校的办学理念,全部"拿来主义",反正一南一北,相隔一千多公里,谁也不会影响谁。校园文化,不就那么回事吗?跟写文章一样,看你会抄不会抄了。结果,得到了评委的高度赞誉。

这个校长谈起自己的"辉煌战果",语气颇为得意。

日益庸俗化的学校文化

不夸张地说,学校原本应该是一个文化机构,但相当一部分学校,已经越来越看不到文化的味道。

首先是"千校一面"严重。走进校园,一样的标语,一样的装饰,仿佛批发而来,庸俗而粗糙。"一校一品"的建设要求,目的就在于彰显学校的个性,但部分校长缺乏对学校文化的正确理解,加上学校自身积淀不够,这样的要求只停留在空泛的概念层面,并未真正转化为文化的力量。学校文化建设甚至被降格为"装修艺术",完全成为"涂脂抹粉"的事,因为缺少灵魂而空洞乏味。如同前面案例中提到的学校,抄袭来的标语口号到处都是,校训、校风、校歌居然可以在一夜之间诞生,不能不说中国教育已经怪诞到何种程度。

其次是"虚伪文化"盛行。很多学校标榜自己文化建设的成就,提出"和谐校园""美丽校园""民主校园""温馨校园""梦想校园"等等五花八门、五彩缤纷的说辞,似乎中国教育"忽如一夜春风来",呈现出"百花齐放"的大好局面。但事实呢?这些悦耳动听的所谓"文化",不过是用来装点门面、邀功请赏,挂在嘴头上的谎言而已,与现实中的办学完全两层皮,甚至自相矛盾。大家不管是否适合自身实际,盲目炒作一些似懂非懂的"新名词",彰显自己的时髦和与众不同,学校的浅薄、低俗却暴露无遗。

南京师范大学教育科学学院高德胜教授在《论当今学校文化之堕落》

一文中写道：

当今的学校，缺乏文化敏感性和自觉性，意识不到自身的文化堕落，又不去与有损于自身文化特性的事物对抗，却去另搞一套"涂脂抹粉"式的文化建设。这种奇异景象的存在，影响极其恶劣。一方面，学校是社会的"文化高地"和"道德高地"，甚至是社会最后的文化与道德防线，学校滑入没有文化的深渊，就意味着社会失去了一个文化屏障。另一方面，学校的文化堕落，又会反过来加剧社会的文化堕落。更糟糕的是，年轻一代都生活在学校之中，学校的这种文化堕落、文化虚伪会给他们的心灵以严重的污染与巨大的伤害。

学校信奉的价值追求及由此显露出的精神气质，可以称之为"学校文化"。学校文化的品位不尽如人意，背后折射出的是对教育自身价值观念理解上的肤浅和俗化。

因为历史沿革及现实社会的逼仄，中国大部分的学校无不苦陷于以下文化中：

一、因教育价值异化导致的竞争文化

教育存在的价值被异化，上最好的学校，找最好的工作，挣最多的钱，享受最舒服的生活，在这样一个逻辑链条的捆绑下，寻找谋生手段成为教育最重要的功能。每个人考虑的都是个人的前途和命运，其他人都是以"你死我活"的竞争对手身份而纳入视野，学校变成了"竞技场"，鲜有合作，鲜有协助，学生之间身体"近在咫尺"，心灵却"远在天涯"。而学校，却乐得利用这一点，不断放大焦虑的同时，在学校内部建构起以竞争为核心的文化。

二、被教育目标短视绑架的考试文化

上学最重要的事是考试；学上得好与坏只看考试；"考什么学什

么"，与之无关的知识毫无价值；最好的老师是研究考试、揣摩命题人心理的专家；标准答案盛行，越雷池半步即为错误。以上这些观点，大模大样地流行于学校。原本处于教育末端的"评价"，居于学校行为的绝对中心位置，成为左右教育方向的最大力量，导致教育的出发点和整个过程的严重偏差。印度哲学家克里希拉穆提说，我们把考试和学位当作衡量智慧的标准，因而培养了逃避人生重大问题的狡猾心智。纯粹的考试文化，切断了教育与自我反省、人生意义、心灵关怀之间的联系，让师生原本丰富的情感和灵魂日渐苍白枯萎。

三、由社会阶层固化诱发的驯服文化

金字塔式的管理模式，带来学校科层分明的管理状态。校长一言堂，分职不分权，动不动就给下属签订责任状。教代会、工会成为摆设，所有制度的目的都在于控制，所有人都是看校长脸色行事。如此境况在相当多的学校成为常态，笼罩在每个人心头的恐惧成为捆绑自由灵魂的绳索。这其实是社会阶层固化、权力本位现状在学校生活中的折射。在这样的环境影响下，师生关系俨然成为此种模型的翻版，是否听话、乖巧理所当然被当作评判学生优劣的最重要指标。学生权利可以随意剥夺，有创见的想法可以随意扼杀，"乖宝宝"是学生获得赞誉的必由之路。加上学校不断强化的"社会淘汰机制"，带给学生必须入驻社会上层，否则即为失败者的心灵重压，加剧了学生的迷茫、麻木和迟钝，在时间和空间完全被占据的情况下，自觉放弃对平等与自由的追求。

日益堕落、虚伪、庸俗化的学校文化，极其严重地戕害着学校的健康肌体，让学校与整个社会一样，陷入浮躁、浅薄、价值观念混乱的泥潭。

建立以人为中心的共同价值观

我常常想：一个校长，在学校中的最大价值到底是什么？

校长有很多事要干：要确立学校的办学思路，培养中层干部，调动教师工作的积极性，实施科学民主、精细化的管理，打造学校的办学特色，构建学校文化环境，应付各类烦杂的事务性工作……很多兢兢业业的校长，忙得陀螺一般，弄不好就得"鞠躬尽瘁，死而后已"。

上海外国语大学闵行外国语中学的吴金瑜校长说，我们的教育追求的就是让学生成为有一定文化特性的文化人。由此推断，校长最大的价值应该是促成学校良好的文化，在学校制造一个巨大的文化磁场，对置身其中的人产生潜移默化的影响，使其按照这种文化规则行事。

如果一名校长故意回避应有的文化反思，对学校文化的偏向和堕落视而不见，结果非常可怕。比如，如果一所学校以竞争为基本逻辑管理教师和学生，乐此不疲，那这样的学校能搞出什么样的文化建设？如果一所学校的所有精力都是为了考试、为了提高分数，那这样的学校又能搞出什么样的文化建设？如果一所学校以服从为最高管理标准、以制造焦虑和恐惧为推动工作的手段，那这样的学校还能搞出什么样的文化建设？

有个观点说：人管人累死人，制度管人烦死人，文化管人管灵魂。也就是说，校长要有文化自觉，不断引领全体师生，建立以人为中心的共同价值观，并促成与之匹配的良好的思维习惯和行为习惯。这样，一所学校才是"有魂的"。

几年前，我带几个年轻老师去相邻的学校参加教研活动。正赶上晨读时间，一进教学楼，就被惊得目瞪口呆：楼道里，几乎每个班级门口都站着学生，多的一整排，少的三三两两。有的拿着书漫不经心地在读，有的东张西望，无所事事。显然，这是因为作业没完成或犯了其他错误而遭受惩罚的学生。还有两三个老师，正劈头盖脸、大声地训斥着学生。那些学生无一不是耷拉着脑袋，无精打采。几个小老师面面相觑：他们怎么能这样？

我的几个小老师表现出的不解、无奈，甚至是气愤，源自他们内心深处的教育价值观：没有爱就没有教育，没有尊重就没有教育。显然，这个学校如此大面积暴露出来的现象，与他们头脑中的价值观完全背离。

我在对这所学校充满失望的同时,也很高兴这几名老师的表现:在他们身上,已经有了我所期待的学校文化的印记。而这,恰恰是我追求的。因为文化可以简单理解为"一群人说话、做事的习惯"。

某一年,我作为评委,跟随某市教育系统参加学校特色办学的评估。半天的时间,观摩了四所小学。评估中的一个细节深深刺痛了我。那天,恰逢一场秋雨,天气非常寒冷。四所小学,出现了一个共同的场景:评估团每到一所学校,大门口都有手举鲜花的学生列队迎接。那些孩子,穿着都很单薄,在秋风秋雨中瑟瑟发抖,强颜欢笑。

我看到之后很心酸。我们说的"以人为本""以儿童为中心"呢?这种完全不顾孩子身心健康的做法,怎么看也不能说是"一切为了孩子"。相反,那些可爱的孩子只不过是学校的道具而已。我知道,这不能完全怪校长,估计是教育局的领导喜欢这样"隆重"的场面,所以才形成了这样一种怪诞的文化。但我们的校长没有职责吗?如果一个校长长期这样看待问题,处理问题,这种思维模式就会在学校盛行,久之,也会形成一种另类文化,对师生产生重要影响。

学校生活中的细节处处都是价值观的体现。"提高一分,干掉千人",这样的标语看起来霸气十足、杀气腾腾。或许从高考录取角度而言,这是事实。但如果作为学校的文化加以宣扬,显然与教育的初衷背道而驰。教育的存在是为了让生物的人变成社会的人、文化的人。而这样赤裸裸地宣扬"丛林法则",宣扬适者生存,无疑是让我们的孩子回到纯生物层面,将人生简单理解为一场残酷的竞争。这种思维方式贻害无穷,社会上各种让人寒心的现象不断上演,是不是也与这样的学校文化息息相关?

文化的力量不容小觑。在一种文化中生活久了,这种文化所蕴涵的价值观念和行为方式就会沉淀为我们的"第二天性",我们会自动化地按这种文化所要求的方式去思考、去行动,并把这种思考和行动视为天经地义的事情。后果是,我们被这种文化所控制,失去了跳出这种文化去看问题、去思考、去想象的意愿和能力,看不到另外的可能。

有人可能会说，以我们的弱小之力，怎么可能冲破坚固的教育体制与社会思潮？的确，改变庸俗、堕落的学校文化现状并不容易，但正因如此，我们所做出的每一步努力都有极其珍贵的价值。一所有文化追求和文化坚守的学校，依然可以在有限的范围内做出无限的改变。

作为校长，不妨问自己几个问题：

我将学生放在了什么位置上？我距离"以学生为本""将学生放在中央"到底有多远？我该做哪些努力去靠近？学校的规章制度、课程、各类活动到底有着什么样的不足？如果"以学生为本"根本没有成为学校团队共同的核心价值观念，我敢不敢公开承认并寻求改变？

我是如何管理教师的？如果不用制造竞争、以控制为主的方式，用合作互助、互信互爱的方式来管理教师，学校有多少工作需要改变？学校由控制型管理变为自主型管理，还有多远的距离？

我学校的教师是如何管理学生的？是用分数和竞争、奖励和惩罚、施压和恐吓，还是用关心和爱护、尊重与支持的方式？如果是前者，我们该着手从哪里寻求突破？如果是后者，我们还需要从哪些方面加以改善？

只要我们有意愿、有决心，一定能够撬动当今学校文化沉重的桎梏，做的人多了，"一切皆有可能"！

不能丢掉教育自信

行文至此，想到诸葛亮在《出师表》中的一句话：不宜妄自菲薄。教育问题重重，在头脑清醒、看透现状的基础上，我们也绝不能走入另一个极端：悲观失望，从而失去变革的动力。

总体看，我们的教育是相对自卑的。

第一个表现是"否定太多"。我们似乎习惯了抱怨和批评，看不到自己的优势，对老祖宗留下的东西，几乎"全盘否定"，总希望用国外的某些教育作为标准、模型或样板来改造自己的教育。结果"病急乱投医"，

"头疼"的毛病没治好，反倒"心肝肚肺"也出了问题。

第二个表现是"左右摇摆"。缺乏定力，缺乏对教育自身规律的深刻认知，盲目模仿照搬现象严重，总渴望一蹴而就，找到一劳永逸的良方。被社会、家长所绑架，不敢坚持教育的真理，表现出"墙头草现象"，跟风严重，缺乏独立的教育品格和气质，欣欣然于大做表面文章。

第三个表现是"急功近利"。不能站在生命的高度来认识教育的本质，普遍缺失"基于学生"的教育思考，教育控制性被不断强化。出于追求升学率、增加竞争、提高考试难度的需要，中小学课程的深度、难度已成各国之最，学生负担过重，厌学情绪严重。

这种自卑情绪的漫延，为学校的改革设下了重重障碍，就像大雾蒙蔽了人们的眼睛，导致我们在向往教育的未来时，呈现出迷茫和无助。对一部分深深热爱着教育的人而言，这种情况更为严重。作为校长，有责任、有义务在学校建设中，引领自己的团队打造共同的教育价值观，给团队中的每个成员注入一颗"教育自信"的种子。

这要求校长首先应该是个理想主义者。哪怕碰壁，也要坚持把人的发展放在第一位。碰壁的结果必然是双方妥协：理想退一步，现实退一步。哪怕在庞大的教育现实面前，孱弱的理想退得步子更大一些，但只要踉跄中往前走那么一点点，不也算得上一场"小胜"吗？如果不断去碰壁的人多了，"小步子"就可能变成"大步子"，教育的渐变就可能发生。但如果更多的人直接选择"顺应"，其结果是现实永远是现实，无法撼动。这就是"带着镣铐跳舞"，枷锁沉重，也不能捆住那颗舞蹈的心。舞姿有点狼狈，有点艰难，那又如何？一棵树改变不了一个城市的气候，但每一棵树都会让钢筋水泥的世界多一分希望。如果每一个有教育情怀的校长，都在自己那个小小的校园里坚守，按照规律去办学，我们的教育不就多了许多亮色吗？如果每一个校长都能挺直腰杆走在正确的路上，就会出现越来越多的信念坚定的追随者。

其次，要赋予团队成员坚持教育创新的勇气。大的体制我们无法撼动，但每所学校都是一个实践基地，可以尝试许许多多属于自己的创新实践。一位校长，要时时以自己的创新意识、思维以及能力去感染、带动教师创新力的形成和发展。当然，我主张目前的基础教育改革应该走渐进式的带有创新色彩的改良之路，不要疾风骤雨，恨不得一下子"革"了传统教育的"命"。教育改革要在保证"生存"的基础上，从育人方向、培养方式、课程重构、管理完善等诸多方面寻求突破的路径，以渐变的方式影响"铁板一块"的教育大气候。这不是对教育积弊的消极妥协，而是能够促进教育真正产生变革的智慧选择。

再次，要带领团队增强恪守教育规律的定力。要让教育、让老师更"专业"，把研究重点转移到不同学段儿童的身心特点上来。譬如，不让孩子输在起跑线上，往往以牺牲孩子的身心健康、兴趣、热情、好奇心、创造力为代价，结果很可能就是孩子会在人生的马拉松上输得体无完肤。我反对简单机械的分数排名乃至由此引发的一系列诸如按分排座位的教育行为。教育应该是温暖的，对每一颗心灵怀有悲悯之心。坚持不排名不代表不鼓励孩子积极上进、勤奋好学，是希望孩子由关注外在评价转向自我评价、自我激励，时刻与自己的过去相比，不断完善自我。再比如，明知道教育的最大宗旨是育人，可为了"政绩"，我们不惜让学生说谎，应付各种各样的检查；明知道全力打造尊师重教的风气才会创造良好的教育环境，可面对各种压迫和绑架，就屈从了，任凭无视规则、无视传统、无视道德的事件销蚀着教育的健康肌体……尊严的底线被打破，教育就会染上奴性病，卑躬屈膝地在世间活着，还能奢望教育出有尊严的人吗？教育的自信又从何谈起？

据说法国人是有文化自信的，他们走路的时候把头抬得高高的，因为他们身后有卢浮宫。我相信，在基础教育领域，只要我们不断思考、实践，再思考，再实践，我们也会开辟出一片肥沃的"教育自信"的土壤来，直到枝繁叶茂，开花结果！

第二节
废弃基于害怕的管理

▌案例

一封被怒怼的关于"体罚"的信件

一位老师留言：对犯了错误的学生，一点都不给予惩戒，学生能认识到自己的错误，并诚心改正吗？

我给这个老师回了一封信：

青岛市曾出台《青岛市中小学校管理办法》，文件一面世便赢得一片喝彩，因为文件中规定："中小学校对影响教育教学秩序的学生，应当进行批评教育或者适当惩戒；情节严重的，视情节给予处分。学校的惩戒规定应当向学生公开。"我从不少教师的"欢呼雀跃"中嗅到了不同的味道：我们有多少人是把惩戒等同于体罚（含变相体罚，下同）来欢呼了？有多少人是因为规定中有"惩戒"二字，便兴奋地认为，现在终于有了体罚的"法律依据"了？

首先简单辨识一下"惩戒"和"体罚"这两个概念：

惩戒："惩"即惩处、处罚，"戒"即戒除、防止。"惩"是手段，"戒"是目的。惩戒意味着手段和目的的统一。体罚：给予学生身体或心灵上的痛苦或极度疲劳的处罚,是容易带来身心健康损伤的侵权行为。

可以看出,二者有很大不同。我举个例子:糖尿病胰岛素的发现者德国病理学家保罗·兰格尔翰斯小时候发坏,杀了校长的一条狗。校长怎么做的呢?既没有让他罚站,更没有让他挨打,也没有开除他,而是想了一个高明的惩戒办法,让这个孩子画狗的骨骼和它的血液循环图。本来是孩子的一个错误,但这样的"惩戒"却让孩子不仅认识到了自己的问题,还引导他走上了科学的道路。最后这个孩子研究医学,成了诺贝尔奖的获得者。如果校长当初仅仅是采取了我们惯用的"罚站""挨揍"或"抄写文章一千遍"的方式,除了发泄自己的怒火之外,又有多少意义呢?这是一个很好的"惩戒"的例子,能让我们明晰"惩戒"与"体罚"的界限。

当然,这样说可能还不是非常清晰,那我们再从一个侧面来理解这个问题。"惩戒"和"体罚"的目的往往不同。惩戒的目的是让学生认识到错误,悔过自新,不愿再犯错;体罚则侧重于让学生尝到皮肉之苦,不敢再犯错。一个"不愿",一个"不敢",二者有着本质的区别。你可以拿这个标准来衡量一下自己日常管理学生的行为,看看到底应该属于"惩戒"还是"体罚"。

《义务教育法》第二十九条规定:"教师应当尊重学生的人格,不得歧视学生,不得对学生实施体罚、变相体罚或者其他侮辱人格尊严的行为,不得侵犯学生合法权益。"因此说,体罚与法律规定是不合拍的。我主张消灭体罚,以免我们的教师陷入"违法"的境地。严格约束我们自己的行为,可以让我们在工作中更"安全",更不容易受到伤害。

那为什么部分老师在日常工作中常常拿捏不准或者控制不住,从而出现"体罚"的恶果呢?第一,"惩戒"与"体罚"的边界确实不太好把控,不容易做到"适度",再加上我们总打着"为学生好"的旗号,理直气壮,于是很多问题就可能走向偏颇;第二,很多老师受情绪影响很大,冲动之下容易犯错误,造成严重后果而追悔莫及,修炼自己,有一颗包容之心,我们就不容易犯错误。

既然说老师可以有惩戒权，那怎么做才合适呢？

1.惩戒的手段与目的一定要有关联。即惩戒本身是围绕错误展开，最终目的是为了改正错误，千万不能带有"撒气""发泄"的想法。

2.惩戒的方式必须是双方提前认可的。没有事先约定，不宜临时单方面制定处罚措施。要通过校规、班规等，提前对一些常见问题约定惩戒方式，并得到师生的认可、确认，然后执行。如果遇到了从来没有约定但问题又很严重的错误行为，可以进行沟通后，用双方认可的方式进行惩戒。

3.惩戒的方式是可以选择的。即一种错误，应该有几种惩戒方式，学生可以自选。尽量避免惩戒方式的单一化。

4.惩戒方式必须是"绿色"的。任何伤害学生身心健康的做法，都不可取。特别是影响到学生自尊的做法，必须坚决摒弃。

你做了几年教师，相信你也看到过、听到过身边那些令人愤慨的体罚现象，比如蹲在桌子底下听课，做蹲起直到孩子完全站不起来，成百上千遍地罚写，甚至学生互抽耳光，等等，这些有违人性的做法并不是"教育"，也不是真正的惩戒，不管一个老师对这些行为的辩解多么"冠冕堂皇"。教师发泄负面情绪，极容易演变成巨大的师生矛盾或家校矛盾，甚至造成悲剧，不可收拾。

这封信发布在我的公众号后，遭到部分老师"怼怼"，其中一个老师的留言最有代表性：

"一直关注你的公众号，历来把你当作一个不错的校长看待。今天看完你这篇文章，我才明白，你跟我身边那些"糊涂校长""霸道校长"没有任何区别。你凭什么提倡取消体罚？如果学生一点敬畏之心都没有了，中国的未来在哪里？你们将成为中华民族的罪人！"

天啊！一不小心，我一介小民居然成民族罪人了？我想跟他（她）好好交流一下，没想到，留言被拒。我已经被拉黑了！

赋予"安全校园"更丰富的内涵

论起重要性，学校工作中排第一位的一定是"安全"。当下学校的工作状态可以用四个词来描绘：战战兢兢、小心翼翼、如履薄冰、如临深渊。在安全面前，学校的每一个人常常如芒在背。

应该说，关爱生命是社会进步的重要标志，爱惜生命不仅是人的本能，也是人的基本权利之一。一个社会，只有人命贵于财富、人命贵于名誉、人命贵于权位，才是健康的社会！

说到安全，一所学校需要做的事情非常多，比如，设施设备要定期检修，发现安全隐患及时处理。有一年，我老家的一所高中，一个学生在操场上攀爬足球门，结果球门倒下来砸在他身上，导致死亡。因此，隐患排查要形成制度，形成规范，责任到人才行。比如，校园霸凌现象，要组织相关学习，教会学生面对霸凌的处置方法。同时做到警校联动，对霸凌行为坚决说不，维护校园这方净土。再比如，做好校园"极端事件"的防范。防护窗安装了没有？通往楼顶的门是否按要求关闭了？校园保卫人员必要的防护器材是否配备齐全？平时的防火防震演练是否到位？当然，日常对学生的安全知识普及就更加重要，比如面临地震、火灾，或者遇到异物入眼、卡嗓、窒息、烫伤、心脏骤停等情况，教会学生具备一些基本的自救或救助他人的常识。

但不得不说，迫于安全的压力，学校越来越谨小慎微。校园里单杠、双杠之类的器材清除了，因为孩子玩耍可能会受伤；体育课上的跳马、滚翻项目取消了，因为带有一定危险性；常规的运动会、越野赛、郊游等活动也不再组织，因为害怕出现意外；楼道内的跑动被严令禁止，课间自由活动也被加上了种种限制；个别学校甚至把窗子全部封死、窗下还装上了护网……学生只能待在教室里，连自由嬉戏的权利都被剥夺了。这样的做法"美其名曰"为安全着想，却有了推卸责任的意味。

我理解学校的苦衷，上级部门和学生家长的双重压力严重束缚着学校的管理。一旦有学生受到伤害，上级部门通常不问青红皂白，直接将校长拿下，以"平息民愤"。而对学生家长而言呢？恶意维权现象越来越多，严重影响着正常的教学环境和秩序。如此重压带来的恶果是，大家更多地选择"明哲保身"，不求有功，但求无过，干脆什么都不去做，简单把学生"关"在教室里，风吹不着雨淋不到，这才是最安全的。

但我们观察上述情况，不难发现，这里的"安全"，更多体现在学生的身体安全上，只要身体是健康的，生命是正常的，就不存在安全的顾虑。但实际情况是这样吗？

安全是一所学校的底线也是最高追求。如果我们对安全的界定都不够准确，所谓安全教育只是流于形式。什么是安全？我坚持这样的理解：

从身体、环境、处所的安全，到生命个体身心的和谐、精神世界的舒展与自由，再到团队的和谐发展、共融共育，实现人与人、人与世界的彼此接纳与发展，等等，都属于"安全"的范畴。

这样的理解拓展了学校安全涵盖的范畴，不仅仅拘泥于物理环境，更指向师生的内心。严格说，在办学条件越来越好、硬件设施越来越到位的情况下，学校中的"安全问题"，更大程度地出现在师生心理和精神层面。这应该引起我们足够的重视。

《教育蓝皮书：中国教育发展报告》指出，我国的儿童自杀问题不容忽视。不少家长、学者、媒体舆论将其归结于"中小学生心理脆弱，需要生命教育课程"。于是，中小学普遍加强了生命教育、心理健康教育。但是，中小学生的自杀事件并没有明显减少，那问题到底出在哪里？

我认为，这种"脆弱论"观点将学生自杀原因归结于个体本身，并未触碰到问题的实质。有调查数据显示，中小学生自杀可以分为两种情况：

一是"压力主导型自杀"。由于学习压力自我耗损，导致突发自杀或者蓄谋自杀。这类自杀的主要原因是因为意志力被耗尽而失控。美国心理学家罗伊·鲍迈斯特在长期的研究中发现了意志力像肌肉一样，过度使用就会疲劳。比如考试季节，部分学生的意志力消耗过大，各种好习惯都被抛弃了,于是脾气变坏,更容易动怒、沮丧,甚至轻生。数据表明,每年4—6月份是学生自杀最频繁的时段,恰好与这样的观点相吻合。

二是"屈辱主导型自杀"。在他人的言语暴力和身体暴力下自我耗损到一定程度,找不到负面情绪释放的途径,又缺乏良好的社会关系,自我价值观缺失,严重自卑或自我怀疑,以致自杀。很多师生冲突导致的自杀案例基本属于此类情况。

从以上分析不难看出,沉重的学业压力和简单粗暴的管理模式本身就是最突出的安全隐患。适度减负,不可为成绩无限地加重学习负担,在丰富的活动中体会生活的美好,杜绝体罚、变相体罚行为,杜绝语言冷暴力,营造温暖和谐的师生关系,培养孩子的亲社会能力,关心他人利益、福祉,学会分享、助人、合作、同情、谦让,拥有良好的社会关系,等等,这才是一所学校走向"安全"的必由之路。

让"舒展"成为学校的一个关键词

不知从何时起,让学生"怕不怕",成为了某些教师自我评价和某些管理者评判教师的标准之一。我不止一次听到这样的言论:这个老师太爱笑、太温柔,学生不怕,那怎么行?于是,安排班主任的时候,那些最严肃、最严厉的人便往往成为首选。久而久之,一种基于"害怕"的管理文化便在某些学校流行起来了。这些学校的学生,通常表现出胆怯、逃避、退缩、沉默、"乖巧",而教师和管理者,则欣欣然于这样风平浪静的"和谐"局面。

然而,看起来波澜不惊的学校画面真的是办学成功的标志吗?我们不妨把以下问题抛给自己的内心,也许可以看到表面现象背后的"端倪"。

第一,我们看到的是真实的学生,还是伪装的学生?学生是否在粗暴的震慑、控制之下,为了自身"安全",而选择了做"双面人"——老师一来"乖巧安静",老师一走"地覆天翻"?

第二,我们是把学生当成了不断发展的个体,还是实现自身价值的工具?我们追求"万马齐喑"的"良好"局面,是真正为了学生的成长,还是为了自己的荣誉和利益?

第三,我们是希望树立令学生恐惧的权威,还是让学生打心底里认同自己?我们是否过于急切、不假思索地寻求制度、管理的力量,把太多的"不许"强加到学生头上?

简单粗暴的方式随处可见,比如学生犯错了,老师动辄把学生叫到办公室,一顿呵斥:"怎么又是你,你是不是不想念了?""你给我站好,看我怎么处罚你!""叫你父母来,不信制不伏你!"这样的语言威胁随处可见。更有体罚和变相体罚,屡禁不止。

老师为什么要这么做?原因只有一个——期待学生畏惧老师,以便令行禁止。有些老师把自己打造成一个"高高在上"、凛然不可侵犯的形象,渴望着一种速成式的"德育模式",通过简单的制定标准和严厉的惩罚措施,达到立竿见影的效果。直接的表现就是,他们善于在班级里制造紧张压抑的气氛,以致一些学生"谈虎色变",把上学当作一种煎熬。这种充满恐怖的气氛,给学生心灵带来严重摧残,也影响着学生的处世方式。当然,这跟学校过于注重"管理"而缺少"教育"有关。比如很多学校都在采取量化评比的管理模式,班级卫生、纪律、跑操、住宿,甚至吃饭都在量化,这些细化的规定严格约束着学生的行为,但却缺少对制度背后承载的教育目的的解读,学生不明所以,只知道中规中矩,否则就会被"扣分"。这种情况下,学生一旦失去监管就闹得不亦乐乎。他们平时之所以看起来"乖巧",只是在处罚大棒威逼下的迫不得已罢了。

学生深陷于恐惧,还有一个重要原因,那就是学校把成绩刻意描绘成未来身份分配的唯一依据。家长和老师统一口径,用一种可怕的身份前景来恐吓学生。儿童文学作家郑渊洁说自己的儿子上小学时,某老师对他儿子班上的一位学生说:"看你那没出息的样子,长大了吃屎都接不着热的!"这是个别现象,绝大多数老师都说不出如此粗俗、野蛮的话。

还有不那么恶毒却表达类似意思的话，比如："现在不好好学习，将来哭都找不到门！""不好好学习，将来只能去扫大街！"相信很多老师都说过。这样的话语，传递出去的就是一种为身份而焦虑的情绪。这样的情绪不仅在教师的日常言行中自发地流露，还体现在教育内容、教育过程和制度安排之中。在这样的情绪干扰下，学生越来越迷茫，越来越不知道自己的前途，因此，恐惧心理油然而生。

有一个概念叫"学校恐惧症"。其特征主要表现为：害怕上学，甚至公开表示拒绝上学；心神不安，面色苍白，全身出冷汗，心率加快，呼吸急促，甚至呕吐、腹疼、尿频、便急等。

孩子出现"学校恐惧症"，和压力大有直接的关系。家长、老师的高期待，社会就业对学历的高要求，许多家长为了孩子有更好前途而创造出"极好"的学习条件，教师不断描绘的社会阶层划分带来的可怕结果，都无形中给了孩子很大的压力。一名大一学生谈起她的高中生涯，心有余悸，跟我不断描述，班主任老师如何"洗脑"，让她觉得无论自己怎么做都算不上努力，自己学习不好是如何对不起父母，加上她原本就有的完美主义倾向，她几乎被压垮，曾不止一次失去生活的勇气，尝试自杀。除此之外，长期的心理和身体劳累，也会使部分学生焦虑、烦躁、恐惧、仇恨学习。有的学生产生撕书、撕作业本的冲动，甚至做出极端的行为。

我在学校建设中，一直强调"舒展"这个词。其意大致有二，一是指肢体充分展开，二是指心灵舒畅、无障碍。舒展既指身体状态像大自然的花草树木一样，顺应天性，自然地、自由地张开枝蔓，健康成长，又指内心安静、舒适、愉悦、幸福。在教育中"舒展"是重要的状态，达此，则师生身心自由、安全、愉悦，充满身体和精神层面双重之美。要想达到舒展状态，教育者以包容之态，秉承"和而不同"、因材施教的理念，打造一个适合师生成长的校园生态系统尤为重要。犹如一个植物园，有阳光、雨露，和风徐徐，万物千姿百态、自由生长，自然之美尽在其中。在这样的系统中，教育遵循孩子身心发展的规律，尊重孩子自主成长的愿望，遵守立德树人的教育要求，培养人、发展人，让每一个孩子健康地、自主地、幸福地成长，成为更好的自己。

舒展是身心安全的前提。对一所学校而言，能够让学生"笑着来"（把到学校当作一件快乐的事）、"哭着走"（把从学校毕业离开当作遗憾、不舍的事），是首先应该追求的目标。我不止一次跟老师讲，评判大家工作成功与否可能有若干种标准，但在我心里，有一个最重要的标准，那就是，放假时间长了的时候，你的学生们是否期待着赶紧回到学校来，见到老师和同学。回到课堂，这种舒展则表现为一名教师敢于真正解放学生的头脑，允许学生独立、自由表达、真诚合作、尽情展示学习成果。学生不是作为学习机器出现，他们是有生活、有情趣、有热情的人，不会因"统一答案"而遭受批评、冷淡或同伴的嘲笑，课堂自始至终散发着自由、安全、健康、温暖的气息。

当然，欲有舒展的学生，必须先有舒展的老师。学校应该建立"教师发展为首"而非"教师奖惩为首"的管理制度。比如，我在学校一直提倡"欣赏＋建议"的评课思维和"描述＋点评"的评课方式，杜绝"鸡蛋里挑骨头""全盘否定式"的教研工作模式。一个人的成长是个复杂的过程，首先关乎的是心理状态。教研活动的目的是最大程度地激发大家参与研究的热情，建立有效工作的信心，如果每次评课，讲课的人接收到的都是劈头盖脸的一盆盆"冷水"，他参与的积极性又在哪里？没有了积极性，何谈进步和提升？我主张推行以发现优点为导向的教研文化，目的就是让所有教师"免于恐惧"，在这样的工作过程中收获相互信赖、支持，收获身心的舒展与平和。

故事：让教育温暖起来

每年，我要为老师、学生和家长出一本书《我的校园故事》。当一个人用心记下自己生命中那些点点滴滴的过往，用情描绘那些对自己产生重要影响的人时，我认为，他的内心正在感悟生活的丰富多彩，而生命对生命的影响便会随之发生。

我们总渴望教育者能赋予他人"灵丹妙药"，但教育者真的有"灵丹妙药"吗？答案基本是否定的。相反，透过别人的故事去体察人生的滋味，寻找教育的真谛，去实实在在思考对"人"的认知和把握，恰恰是教育最真切有效的路径。一个好老师一定是个有故事的人。爱听故事，爱讲故事，渴望做一个有故事的老师，这是我一直主张的。

学校是"人"聚集的地方，有"人"的地方一定有故事。校长用心办学的故事，老师爱生如子的故事，学生勤奋好学的故事，家长用心支持的故事，对于任何一所学校，都会层出不穷，不胜枚举。

好的教育一定是温暖的。对一所学校而言，一定要有自己的故事，这些故事会构成学校的历史，也会生成学校的文化。有了这些，学校才会有温度。人们常说："忘记所学到的东西，剩下的就是教育。"当一个学生远离校园之后，他怀念起校园生活，想起的一定不是当时所学到的知识，而更多的是校园里曾经发生的故事，以及故事背后的冷暖人生。

做教育，就是在做文化。而学校文化，其实就是一个个故事的点缀与串联，一个个故事的演绎与呈现，一个个故事的生成与积淀。学校故事往往是最鲜活的教育素材，是最有效的课程，好像随风潜入夜的春雨，在润物无声中，最终将一切融化在每一个人的血液中、灵魂里，直至成为他们生命中无法剔除的部分。

我曾给自己定下一个不成文的规矩：对学生发言，一定不用强加于人的说教，要尽可能用讲故事的形式轻松表达。因为现在的学生喜欢独立思考而又感性冲动，追求个性张扬而又重视情感，具有较强的叛逆性而又渴望被理解和尊重，不喜欢空洞的说教，喜欢有温度的熏陶。"少讲大道理，多讲小故事"，往往能无声地滋养每一个蓬勃的生命积极向上。我讲的故事，可能来自我自己的成长经历，可能来自阅读，可能是个寓言、是个传说，也可能就是学生的实际生活。当然，故事里一定包裹着某些价值观的内核，包含着真善美。不过，我呈现给孩子们的只是故事，至于如何打开，能不能品尝到最美妙的东西，这个权利归于学生。

每当这个时候，我都发现，孩子的眼睛是明亮的，他们的专注、投入令人激动。这充分说明，走心，教育才有可能发生。

有一次七年级家长会后，一个妈妈拦住我，向我"求救"。原来，她和女儿之间几乎势不两立、水火不容。我跟她说，你和孩子的生命中不单单是分数和名次这一层关系，你需要做的只有一点：跟孩子有生活。当你和她之间有了学习之外的其他故事的时候，你们的对话才能真正顺畅。

教育就是生命的传递。多年前，我曾经做过一件事：让初中的学生写一写自己和老师之间的故事。几百份征文交上来之后，我震惊了：某天作业没完成，老师如何处罚；某天犯了错误，班主任如何请家长……大同小异的内容，充斥在字里行间的，都是心酸、苦楚和无奈。抛却孩子们不善发现、不善表达的因素暂且不提，我想，如果一个孩子没有跟自己任何一个老师有过充满欢欣和愉悦的交流与碰撞、息息相通的融合、心照不宣的默契，没有任何一个念念不忘的故事，那么，他究竟能够从学校得到什么样的成长呢？这样的教育岂不是太苍白、太乏味了？

建设一所有故事的学校是我的心愿。我让老师、学生、家长都来写校园故事、讲校园故事，举行讲身边故事大赛；主张每个人都是摄影师，发现身边动人的故事细节、故事场景；年底时，在联欢会上举行隆重的"故事发布"仪式，将大家评选出来的最感人的故事作为年终压轴大戏，呈现给每一个人。这样的做法，让大家的心变得柔软起来，面容变得温和起来，这本身不就是最重要的教育内容和教育方式吗？

多年以后，当我们的学生离开学校，遭遇生活窘境时，他们在校园里经历的美好故事，或许就会化作一抹温暖的阳光，照耀着他们，让他们有勇气和能力坦然面对困难与挫折。

做个有故事的人，以我们的厚度和宽度，不断给我们的孩子、给我们身边的每个人内心深处多贮藏些阳光，一所学校就会远离恐惧和晦涩，越来越温暖，越来越明亮，越来越"安全""和谐"。

第三节
向前再走一步就是创新

案例

一次特殊的"班级管理现场会"

那次特殊的班级管理现场会没有任何提前的准备,连现场会所在的二年级三班的班主任小李老师都事先不知道。我是偶然发现这个班级独有的一些亮点值得推广,加上这个小李老师刚刚参加工作不到一年,她的做法就更具典型意义。

于是,我让德育主任通知班主任们放学前五分钟,到二年级三班门前集合。大家按时到位了,不知道我召集的目的是什么,站在那里,交头接耳。小李老师更是一脸疑惑,她几次望向我,略有惶惑的眼神,似乎想跟我寻个究竟。我微笑着冲她摇摇头,暗示她,我明白她的心思,但暂时什么都不用问。

下课铃响了,我说,请大家来,是让大家观察一下,二年级三班是怎么放学的。于是我招呼小李,让她正常入班去组织放学。

这次观摩,给大家留下了深刻的印象,现场的几个细节成为大家讨论了很久的话题:

第一个细节是,老师说完放学后,班里的小同学秩序井然,所有人都把桌子上的东西收拾好，放在书桌里码放得整整齐齐。然后，把椅子搬起来，椅子面向下，扣在桌子上。这个过程中，孩子们相互招呼着，提醒着，也在相互帮忙，直到把桌子、椅子都摆放得整整齐齐。

第二个细节是，学生们背好书包，离开教室的时候，每个人手里都拎着一个小小的塑料袋，里面装着的是自己一天产生的垃圾。教室里干净无比，没有一片纸屑。

第三个细节是，所有学生离开教室到楼道里排队前，小李老师就蹲在教室的门口，每个人都和她热情地拥抱，说着"老师再见"，而她，不厌其烦地说着"同学再见"，还偶尔抚摸一下孩子的头，轻声嘱咐两句什么。

整个过程，温馨、有序，孩子们的规矩、自觉、相互帮助、有礼貌，让大家颇感惊讶。毕竟这只是二年级的孩子啊。现场的老师，有人露出欣赏的目光，有人频频点头表达赞许，也有人脸色有些凝重，若有所思。

最后，我告诉大家，这是一次完全没有经过彩排和准备的现场观摩，大家看到的，就是小李老师的班级里每天真实发生的情景。我提醒大家，我们提倡的学生有礼貌、有规矩、相互帮助究竟怎么落实？小李老师的做法给了我们一些启发，那就是在常规的细节要求上往前再走一步。而这一步，就代表着工作中的创新，工作中的精致化，也真正让我们的行动有了更多的教育意味。

把每一件小事都做出教育的味道

在教育创新的问题上，我一直坚持一个观点：

创新未必是"你无我有"，而更多体现在"你有我精"——将常规工作做到极致就是创新！

我们的学校，都在教育部的统一管理和要求之下，肩负着相似的教育职能，执行着相似的管理制度，设立着相似的课程体系，采取的是相近的队伍构成机制，又能有多少学校可以做到彻底标新立异、推陈出新呢？所谓"你无我有"，大多是在高明的包装下呈现出来的与众不同的"假象"而已。但学校与学校之间，的确有着巨大的差异，这种差异，更多体现为"你有我精"，体现为一所学校对常规性的工作所做的超越庸常的风格化处理方式。这种超越，因为带有了更多的教育味道，表现出来的便是创新形态。

我到辽宁海城筹备新校时，校舍还没竣工，只得临时借用附近一所小学组织教师培训。我提出一个要求，"恢复出厂设置"，即活动结束，要将场地完全复原，包括桌椅的摆放，每一件物品的位置和状态，不允许有丝毫的改变。于是，每次活动后，大家都格外精心，连地面、楼道，都用墩布擦得一尘不染。有一次不小心打碎了学生放在窗台上的一个玻璃饭盒，老师们到超市买回来，放在原处，并认认真真写了一封信给孩子，表达歉意……经过这样的一个过程，原本对借用场地有些顾虑的学校领导被彻底折服，告诉我，只要你们需要，请随时说话。

"恢复出厂设置"，看似很小的一件事，但每次都做到最好，并不容易。逐渐地，"恢复出厂设置"成为了团队每一个成员的口头禅，也成为了大家的自觉习惯。简单的行为中，包含着丰富的教育味道，甚至能够奠定学校的一种文化根基。它让大家明白，"不给别人添麻烦"，这就是尊重他人最直接的表现。而这样的一个要求，将会扩展到学校工作的方方面面，产生重要影响。

在学校中，有太多的工作陷在思维定势里，大家年复一年，日复一日，司空见惯，视而不见，并未觉得不妥。比如，课间操时，学校要求班主任到位，可班主任呢，人是到了，但也仅仅是"点卯"而已，并没有去督促和引导学生高质量地做操，更没有主动跟学生一起运动；学校请专家来给学生讲课，老师们认为听报告"是学生的事，只要学生听好就行了"，自己不听，事后也不及时组织学生进行讨论分析和升华总结；升旗仪式，学生队伍整齐而安静，再看老师们，不仅有些人姗姗来迟，还经常在队伍后面说话；学生在教室上课，老师们从楼道里走过，大声说笑，却没有觉察到对学生的影响……或许这些方面，学校都对老师提出了工作常规之类的要求，但这些要求，都浮在表面的概念上，并没有真正落地。

学校是育人的场所，学校里的一切事情都与教育有关，当这些常规工作停留在原地，止步不前，其蕴含的价值和意义就会大打折扣。因此，作为教育人，要有一个观念——"教育从走进校园就开始了"，不能满足于完成一项工作，而要抱着"再往前多走一步就是优秀"的意识，从日常工作中挖掘和彰显教育的价值和意义，把每件事做得更加精致一些，在精致中体现工作态度，也体现工作品质、工作能力。

针对上文中提到的一些工作现象，我在学校中加强了管理：

课间操，全体教师要和学生一起出操，一方面加强运动，舒活筋骨，也给学生树立榜样，体育组规定好班主任和任课教师出操的站位、做操要求等工作标准。

听报告，班主任要坐在学生队伍里，每次活动后，班级要组织专门的主题班会，进行后续的讨论、总结，让教育效果进一步巩固，德育处负责监督、检查落实情况。

升旗仪式，教师全部参加，并严格按照学校规定的位置列队，跟学生一样，保持现场良好的秩序。

……

同样的常规活动，多了几点清晰的要求，看起来整个工作只往前走了那么一小步，但一下子就豁然开朗起来，师生的平等、和谐、互为影响，都以教育的形态活生生呈现出来了。

为什么学校的工作常常让我们感觉没有"做出教育味来"？这说明，教育理念和教育行为之间还存在落差，我们需要找到理论诠释和行为实践之间的衔接点和承接点。日本教育家佐藤学曾说"必须读懂看起来单纯的事件背后所隐藏的复杂性"。例如，落实"每天锻炼一小时"，有些学校的确下了很大功夫，不仅开设体育课，还安排了下午的体育课外活动时间，乍看起来似乎情况不错，但一深入了解就露馅了。平时，体育课被挤占的情况严重，课外体育活动，也有大批学生被滞留在教室、办公室，长期不能参与。因为教师没能摒弃头脑中的功利主义和简单粗暴，也对学校的政策缺乏必要的认同感，这种情况下，所谓"锻炼一小时"就是一个做给人看的表面现象。

学校的教研活动也是如此，高耗、低效，"萝卜炒萝卜"的教研活动大量存在。怎么让教研活动中蕴含更多教育的成分？我们出台了《学校教研公约》：

1. 按时参加活动，携带相关资料。
2. 参加活动由前往后依次入座。
3. 以学习的态度听课、评课。
4. 每个人都发言且内容不重复。
5. 每人每次发言不超过三分钟。
6. 每次活动轮换做主持人、记录人、计时员。
7. 每次发言结束，六秒钟鼓掌致意。
8. 提倡"欣赏+建议"的评课思维。
9. 提倡"描述+点评"的评课方式。
10. 活动结束前，每人发表一句与主题相关的感言。

每次发言不超过三分钟的规定，最大限度地保证教师发言主题的集中，避免空泛而谈，这远胜于空洞的要求"注意时间"；每次发言结束六秒钟的鼓掌，积极传播着相互欣赏、相互认可、相互勉励的相信文化，远胜于我们一再强调的"要尊重对方的发言"；"欣赏+建议"的评课思维和"描述+点评"的评课方式，更是有助于将不知所云的闲扯变为内容和方式都愈加清晰的表达；最后的一句话总结，要求紧扣研讨内容，更是一种极富个性化的概括，不断拉升着每一个人的高度。

由此，再寻常不过的常规教研活动也变得不再是一种折磨，而是饶有趣味了。

让系统思考成为所有人的工作方式

我判断一名教师工作水平的时候,常常有一个观察的视角:这名教师在处理问题的时候,采取的是碎片化的思维还是系统化的思维。因为,解决问题的关键在于找到问题的"杠杆"(即关键点),这要求一个人将目光从"事件"本身移开,把力量放到寻找事件背后的"结构"上。如果只着力于解决问题本身,往往并不能使产生问题的根源得到撬动,这样的问题处理因流于表面而缺乏深刻的影响力。

我在河北廊坊某中学工作时,一个初二的班主任经历过这样一件事:课间,班里两个男生发生矛盾,在教室里动起手来,影响很坏。她是怎么处理的呢?如果按照通常的做法,大概也就是要求两个人检讨、认错、相互道歉、重归于好;也可能会借助家长的力量或德育处介入来解决。但这位班主任另辟蹊径,她没有过分纠结于课间两个孩子打架事件的本身,而是把着力点放在事件发生时周边人群的反应,以及不同角色应有的职责和应对办法,通过班会、个别座谈等方式,就此开展了调研、讨论。她把所有人的角色还原到那个场景中,比如:你是他们的同桌、好朋友,你是班干部,你是班级普通一员,你该如何处理这件事?如果你在现场你会怎么办?而事发时你没在现场,后来听到这个消息,你又会怎么办?如果你提前洞察了这样的可能事件,你又该如何做出自己的努力去避免?所有人围绕这些问题,思考、交流、分享,最终达成共识。

这位班主任非常睿智。她的处理,并不是把着力点放在打架学生本身,而是试图找到事件背后的"杠杆"——相关要素及其关联,并抓住这个"杠杆",围绕问题产生的系统去展开工作。最后,学生打架事件迎刃而解,而且一件坏事变成了推动班级建设向前发展的好事。

同样,判断学校管理的优劣,也需要不同的考量视角。这些年,我参加过不少教育评估之类的活动,发现不少学校的做法看起来"轰轰烈烈""乱花渐欲迷人眼",但并没有指向清晰的育人方向,甚至对"要培养什么样的人"没有一个清楚的答案,更谈不上什么深刻的定位。一大堆的理念、课程、活动凌乱不堪地堆砌在那里,彼此毫无关联,甚至自相矛盾。这样的学校,充其量是导演着一场场自得其乐的"秀",根本谈不上高品质教育,也谈不上学校工作的可持续发展。

原因出在哪里?我认为首先在于学校缺乏顶层设计。一名校长的工作职责大约可以用两句话概括:一是"顶层设计",围绕核心价值、课程建设、课堂教学等重点问题展开,使之彼此匹配,有机衔接,成为一个系统化的整体,这是要确保解决"方向正确";二是"底端行动",即找到落实顶层设计的路径和基本策略,使理念落地生根,这是要确保解决"方法得当"。我们更多的校长,是"老黄牛型"的,一味扎根在具体工作中,满足于处理学校一个个具体问题,这样的"行动力"本没有错,但如果站位过低,缺乏"抬头看路"的意识,缺乏系统规划、整合、协调学校发展相关要素的能力,工作很可能出现方向性偏差,或者系统自身的各种要素相互制约、阻碍,力量分散,带来工作困境。

很多学校并没有真正的三年或五年规划,即使有,也通常是用来应付检查,并未对学校实际工作产生影响。学校发展规划强调的是学校未来三至五年内要达到的主要目标和发展途径,如学校发展目标、发展规模与速度、组织结构、人力资源、办学条件和实施策略等方面所做的安排。如果没有这方面的深入思考,连学校走向哪里都不清楚,又何谈对学校各要素的合理匹配和整合,何谈办学理念实实在在落地的方法和策略呢?

中国的校长并不缺乏思想。随便一个校长,都可以对教育问题谈出自己的一些观点,其中不乏真知灼见。但极少有校长能够形成自己的思想体系,缺乏力量和力度,难以产生更积极的影响。

应该说,体系才是教育中的"道"。一所学校,只有先从核心价值、育人目标、课程安排、课堂改革、学校生态等不同层面构建起办学的宏观体系，使各要素之间做到逻辑自洽、相互佐证、相互依赖、相互影响，才有可能引发课程、管理、评价等方面的真正变革。否则，我们只能在"术"的层面小打小闹、兜兜转转，难以有实质性的突破。而这，恰恰是当下大部分学校的实际状态。

此外，鲜有对学校具体工作系统化的思考，也是造成学校工作缺乏可持续发展的原因。当我们发现了学校的某种问题，似乎总能迅速找到方案予以解决，在短期内起到"立竿见影"的效果。比如，在教师评优过程中出现一些矛盾，我们通常就会分析，这样的评价标准对某部分人似乎不公，于是，一道命令，方法改了，皆大欢喜，我们就认为成功了。但事实是这样吗？时过境迁之后却往往发现，当初那种看似大刀阔斧、立意甚佳的处理，虽然产生了短期效益，但就长远而言，却未必是好事，很可能会引发更大的矛盾和争议。

这就如同人体生病一样，"头疼医头，脚疼医脚"，纯粹是西医的思维方式，如果我们食欲不振，西医往往认为这是消化道出问题了，于是将消化道作为医治的对象；但中医却不这么认为，它认为食欲不振很可能不是消化道出了问题，而是人的生理系统出了问题，消化道只是问题的表露地点，并不是问题的本身。只针对某种疾病下药，或许这种病情能够得到缓解，却可能导致其他后遗症、并发症，于是药也不得不愈下愈重，造成更严重的后果。

我们在分析和处理学校问题的时候，是不是也有不同的医疗逻辑呢？我们是满足于解决表面的问题，还是着眼于从深层次挖掘病根？处在社会转型期的学校，矛盾自然不少。那么，学校发展的主要矛盾是什么？校长要有理性的思考和把握，然后抓住主要矛盾这个"牛鼻子"不放松，牵一发而动全身。如果总陷入那些琐碎但并非关键点的矛盾，看似耗了很大精力，但对整个学校的发展作用并不大。

因此，我在工作中一直"逼迫"自己，在出台一项政策的时候，慎之又慎，反复掂量，努力设想过几年后这项政策能给学校留下什么。宁愿给人留下"保守"的口实，也不肯做"拍拍脑袋灵光一现"的校长。

我也告诫自己，做教育要踏踏实实，耐得住寂寞，一味想出名，不在品质上下功夫，迟早要栽跟头。有一个校长打过一个比方：走极端往往比较容易出名，犹如穿得最多的和穿得最少的走在路上回头率比较高一样，但这往往是有害的。因此，不能用讲成绩来掩盖问题，也不能只讲优势不讲缺点。用理性的系统的思维看待问题，化解矛盾，克服困难，真正潜心于学校的实际工作中，就不容易犯下"盲人摸象"的毛病。

真正优秀的学校是安静的，这种安静来自良好的秩序，而保证秩序的前提是每一项工作的系统化安排。我一直主张全面系统谋划某个阶段的工作，譬如公开课、教师论坛、教研活动、升旗仪式、学生活动安排等等，将所有工作纳入整个体系之中，安排到每个学科、每一周、每一个教师、每一个班级。在相对较长的一个时间段内，学校的每个人都能清楚知道自己的工作时间、地点、内容、要求，这样系统化的安排让所有相关人员都更为轻松。这种轻松恰恰是工作质量的保障。

我在大会上曾向全体教职工承诺：我坚决不做"顾头不顾尾"的人，对于学校已经系统安排好的工作，无极特殊情况，雷打不动。我坚持这样做，就是期待学校中的所有人具有"系统思考"的意识和能力，当要处理一项工作的时候，会认真分析自己"这一点"的变动对整个工作体系带来的影响，从而超越自身狭隘的利益，尝试从更高层面上去理解其价值。如同乒乓球的双打项目，不能只想自己怎么击球，更要思索如何给同伴创造最佳的击球位置，从而做出正确决断。这种系统思维中隐含着强烈的"换位意识"，对学校良好生态的建设，积极意义不言而喻。

创造真正有"仪式感"的仪式

若干年前，我调到一所中学工作，发现学校的升旗仪式过于呆板，大概因为是常规活动，组织者产生了应付心理，程序能简则简，把本来神圣、庄重的仪式演变成"随意行为"，无非就是升旗、学生干部国旗下讲话、德育主任训话，每周的套路不变，成了"走过场"，学生参与度很低。于是，我进行了一点改革：主持人要隆重进行升旗手介绍；加入"每周一星"优秀学生颁奖的环节；升旗由班级轮流策划、组织，要进行班级文化的简短展示；固定不变的主任讲话也演变为校长、主任、老师甚至学生、家长站到台前……学生参与升旗的积极性和认真度提高了，仪式达到了应有的效果。

仪式是学校教育的重要载体，入学仪式、开学典礼、升旗仪式、入团仪式、成人仪式、毕业典礼、校庆典礼、颁奖仪式等是学校常规性仪式教育活动。这些仪式相当于一个"按钮"，当仪式开始，身处其间的人就在暗示自己：我要开始进入另一种状态了。因此，仪式是一种经历和体验，是一种行为的约束，承载和蕴含着丰富的情感和育人价值。

但是，就像开头案例中写到的，很多学校不断举行各类仪式，看起来热热闹闹，但仔细品味，又觉得差了些什么。参加一个仪式和拥有仪式感是一回事吗？如果一个人只是机械地参加了某个仪式的全部流程，按部就班地完成了自己该做的事，但却并没有产生真正的内心体验、意义认知、价值共鸣，那么，他会获得仪式感并产生长久的影响吗？显然，答案是否定的。就像最常见的开学典礼，校长热情洋溢地讲话，其实并不一定能够真正触动学生，说严重点，也许大部分学生只是站在那里，"熬过"那一两个小时而已，他们甚至连校长讲话的内容都没有听进去，更谈不到什么参与感和"与我有关"的体验。他们不过是一个看客而已。

总结起来，当下学校常见的仪式问题可以归纳为三类：

把"仪式"搞成"形式"：对于仪式，学生知其然而不知其所以然，不清楚仪式的来龙去脉，也不明白自己参加仪式的目的。

把"仪式"搞成"模式"：清明节就是烈士陵园扫墓，妇女节就给老师献朵花，方式陈旧、套路化，毫无新意。

把"仪式"搞成"把式"：仪式"花样百出"，只为夺人眼球，让人身心疲惫而无实际意义。

这些都是学校仪式中常见的问题。这充分说明，一些学校管理者由于对学校仪式文化缺乏完整的认识，把仪式文化和仪式完全等同起来，或虽已意识到二者之间的差异，但难以做出正确的分析、判断，致使实践中的学校仪式文化建设仍然停留在仪式建设层面。事实上，学校仪式是由学校中的各种仪式所形成的系统，而仪式文化更注重的是仪式所蕴藏的价值观念，体现的是学校特有的管理理念和人文精神。实践表明，不同学校的仪式在形式上虽然相似，但达到的效果可能大相径庭，关键就在于核心内涵的差异。

只有精细谋划，创造出有真正"仪式感"的仪式，才能让我们的仪式带有教育的意味，也才能让仪式产生文化的力量。

产生仪式感的关键是"与我有关"，即这个仪式"是我的，而不是别人的"。所有把学生当作"看客"的教育行为都是低效的。一个小学班主任说她教过几届毕业班，每一年的毕业典礼大同小异，作为代表发言的孩子很激动，获得表彰的孩子也很幸福，但大部分的孩子只是站在那里，没觉得这一刻有什么特别。其中有一届学生，在临毕业前接到了课间操迎检的任务，完成得很出色。在毕业典礼上，学校没有按照惯例，让五年级的孩子象征性地和大哥哥、大姐姐们说再见，而是让五年级的孩子们站在六年级孩子表演的位置上，让他们认真地向代表学校完成演出的优秀的学长们致敬。那天，毕业生们站在领导观摩的位置，热泪盈眶地看着学弟学妹们，他们记住了自己在小学生活的最后一天，记住了用努力为自己的小学生活画上的这圆满而有意义的一笔。这个案例说明，帮助学生走进自己的仪式，才能体验到仪式感，让每一个人觉得自己很重要。

上海教育杂志社原副总编沈祖芸在《仪式不等于仪式感》一文中指出：

要"与我有关"，首先需要切换思维模式，即从"展示模式"切换为"生长模式"。通常学校在设计仪式时大多遵循这样的逻辑：向他人展示最完美零瑕疵的成果，然后把领导和与会者的肯定作为成果鉴定。这种逻辑下启动的程序必然是挑选最优秀的学生来表演，通过一次次排练以确保每个人都完美无缺，在演出时，又要求全校师生安静落座、整齐鼓掌，最后迎来一位位领导讲话以表示对学校这场仪式活动的肯定。这样的仪式再隆重，也是给别人看的，"与我无关"，因此难以达到对"每一位"都产生教育意义的效果。

这给我们带来两点启示：

第一，"生长模式"要求我们在设计仪式时，能够像"滚雪球"一样，从仪式策划开始到仪式完成的过程中，有意识地把越来越多的"无关者"裹挟进来，让越来越多的人与仪式本身产生关联，那么，最终的仪式就成为了众人一起孵化而生的成果，人人都会因"与我有关"而积极参与，成为意义的传播者。譬如，我所在的学校每年都要举行"十佳少年"的评选，从最早的各班推荐候选人、组织宣传活动、展牌展示、竞选演讲、全员投票，直至最后的评选颁奖典礼，全校师生全部参与，这些候选人的事迹得以最大限度地宣传，最后的颁奖典礼就因整个过程的全员参与而激动人心。

第二，"生长模式"要求我们在设计仪式时，要充分考虑学生的参与度，由更多的大型集体仪式向分班级的小型仪式转变，避免人数过多、实际参与偏低的问题，让更多学生找到存在感。比如：学生获奖，班内为他举行一次隆重的表彰仪式；学生过生日，班里举行集体送祝福的小活动；等等。这些活动让学生参与其中，可以唤醒他们心灵深处潜藏的一些东西——认真的态度、积极的行为、热烈的情感，从而让学生真正获得成长。

第四节
建设学校良好的文化生态

案例

你是"差生",我不跟你玩

一个六年级家长在学校门口等女儿放学,看到了这样一幕:两个男孩子一前一后从校门走出来,两个人都是她女儿的同班同学,一个是班长,另外一个是班里成绩比较差的学生。那个成绩不好的孩子从后面急匆匆地追上班长,拉着他的衣袖,满脸笑容地说:今天去我家写作业吧,我爸妈没在家。没想到,那个班长扭头看了他一眼,面无表情,毫不犹豫地扔出一句:你成绩那么差,我才不跟你一起玩。说完头也不回就走了,只剩下那个"差生"一脸尴尬地站在原地。

在回家的路上,这个家长跟女儿说起这件事,觉得无法理解:同学之间,怎么可能发生这样的事?女儿不屑地说:这算什么?我们老师在班里公开讲,那些学习成绩不好的,是最没出息的人,谁都不要去理睬他们,如果谁跟他们一起玩儿,会被老师谈话的。另外,我们班委会的人也都有任务,不管课上课下,谁看到那些"差生"不好好学习,做什么出格的事,都可以举报,举报积极的老师会有奖励。

这个家长非常吃惊,急忙问女儿:那你怎么做的?你不会真的去举报自己的同学吧？女儿笑着说：我才不会，出卖同学的事我不干，再说，我觉得他们除了成绩差一点，没什么不好啊，比班里那些自以为是的人强多了，不过我也不怎么敢和他们几个多说话，让老师看到了肯定不给好脸色。

这个家长跟我叙述这件事的时候，我满脸惶恐：孤立，告密，分出三六九等，多么简单、纯真的同窗友谊啊，怎么弄成了这样？在这样的环境中长大，孩子们到底能学会什么呢？

后来，我跟这所学校的朋友聊起这件事，他告诉我，这个老师的行为就是他们学校的一个缩影，排挤"差生"，孤立"差生"，在学校已经"蔚然成风"。也难怪，学校从来不考虑各种实际情况，只以"分数"论英雄，老师们就活在大屏幕那些枯燥的数字排行榜上。标成绿色的，可以趾高气扬；一旦跌落到红色区域，悲催的日子就来了。校长、主任大会点、小会批，每个人都神经兮兮的，恨不得把班里那些给自己拉分的学生全都挤对走才好。

他苦笑着说：别说学生之间矛盾重重，就连老师之间也一样，大家有什么好的经验，全都藏在肚子里，生怕别人学了去。相互提防，工作中一点温暖也没有。你想想，大家过的是什么日子！

好学校是一方池塘

上述案例让我想到美国思想家梭罗在《种子的信仰》中的说法：好学校是一方池塘。如果你在地里挖一方池塘，很快就会有水鸟、两栖动物及各种鱼，还有常见的水生植物，如百合等。你一旦挖好了池塘，自然就会往里面填东西。

在这里，池塘是作为"好学校"的隐喻出现的，学生可以是"水鸟"，可以是"两栖动物"，也可以是"植物"，不需要你看见种子是什么样的、何时落地的，种子会自然到来。这就是"自然"的力量。"好学校"的价值,其实就体现在为学生创造一个好的生态环境,给他们适当的阳光、空气、水分、养料,让他们快乐幸福地成长。

那么,请问,我们现在的很多学校是"一方池塘"吗?显然不是。一味追求所谓的"封闭管理"来治校,用所谓的"标准规范"来衡量学生,更多的学校是"工厂",是"监狱",是"束缚个性的紧箍咒"。如果不是"池塘",你怎么能指望有水鸟、两栖动物及各种鱼,还有常见的水生植物出现呢?一切的学习和生长都不可能被人为地包办替代,学校必须让学习和成长发生在学生身上。因而,学校的挑战、使命在于为学生的学习和生长创造、提供"发生可能"的众多因素,如环境、动机、手段、机制等。学校的价值就体现在它的"生态"意义上。

因此,可以这样精练地表述:办学校办的就是一种文化生态。好的文化生态才能为学生这颗种子的发芽提供条件。

"生态"一词在《辞海》中解释为:自然环境系统中生物与生物之间、生物与环境之间相互作用建立的动态平衡关系。具体到教育层面的含义,指全面优化教育资源,构建一种符合师生成长规律的、科学的、高效的、优质的教育环境,促进学生、教师和学校和谐发展。其终极目标是立足于生命,让教育回归本真,还教育本来面目,让师生各安其位,让教育焕发生机。当年陶行知先生力行生活教育,就格外看重学校的文化生态。他说:"大凡生而好学为上,熏染而学次之,督促而学又次之,最下者虽督促不学。……现令青年人所以不肯努力求学的缘故,实由于学校里缺少学问上熏染和督促的力量。熏染和督促两种力量比较起来,尤以熏染为更重要。"这"熏染"就是文化生态,就是古人强调的"涵养化育"。

但教育的现状如何呢?太多的教育人掩耳盗铃般陷入了自己构想的逻辑,并且乐此不疲:我们会对着成绩表上多出来的百分之零点几的数字而沾沾自喜,会因排行榜上靠前几位的名次而洋洋自得,却完全看不到数字背后那些本应鲜活的生命呈现出的疲惫、迷茫、无趣的状态;我们会痴迷于轰轰烈烈、光鲜亮丽、夺人眼球的大型活动,却完全不顾成本高低和实际的教育价值；我们会一味追求"看起来很酷"的特色课程，却忽略了从"学生实际需求"开始行动，忽略了应更多关注学生的兴趣发展，关注学生品行修养、创新思维和实践能力的培养。更多的人选择闭上眼睛，心甘情愿驻留在虚假的繁荣景象之中。

我曾路过一所名校的门口，巨大的状元照沿街一字排开，赫然昭示着辉煌与荣耀。然而，远远地看着那紧闭的铁门，我内心却充满怅惘：就在并不久远的过去，一个小小的生命从天空坠落，就此消失。有谁会记住他？这样一场并不悲壮的死亡到底换来了什么？它既不会是开始，也不会是结束。在将年轻的生命引入丛林之争的那一刻，这就成为了可怕的必然。

学校的伟大就在于对弱者的呵护，教育的成功就在于让每个灵魂得以安顿。如何看待、如何对待那些距离世俗意义层面的"成功"更远的人，决定着一所学校的价值高低。但是，我们太多的时候忘记了这些，却把目光和精力放在了别处。譬如，对于示范校、明星校的称号，挖空心思，编造各种假资料、假业绩，也要追逐这样的"虚名"。又如，我们热衷于包装之术，大大小小的报纸充斥着某某名校的"经验"，似乎找到了挽救中国教育的灵丹妙药，殊不知，这一切只是为了"开门营业"，换来名利双收。再如，浮夸造假之风蔓延，中高考一结束，给党委政府送喜报、在校门口挂横幅、在媒体上做广告，可谓"精彩纷呈"，五花八门的数据按照需要"炮制"出来，甚至同一个城市会出现若干个"全市第一"。真是乱象丛生，可叹可笑！

方向错误，南辕北辙。学生分数上去了，但兴趣没了，天赋和灵性被磨灭了；体育课不上了，"课间使用权"被取消了，近视率大幅提升，学生成了弱不禁风的豆芽菜；以控制为出发点，处处是"服从、不准、严禁"，学校"秩序井然"了，但学生战战兢兢、顺从听话的背后，是对教师和学校无尽的不满和怨恨；看似热闹非凡的课堂教学，沦为机械训练的场所，"育人"功能丧失，学生唯我独尊，待人冷漠，缺乏诚信，漠视生命，"硫酸泼熊""谋害同学""杀死教师"，暴力事件频发……

这样的学校，愈来愈"高大"，愈来愈"显赫"，却愈来愈容不下那些微小的灵魂，愈来愈没有生命的气息。走进很多学校，总感觉少了点什么：或许，没有灵魂碰撞的那缕烟火之气；或许，少了酣畅淋漓的自由呼吸。一切变得生硬、冰冷。

学校终究是人的学校，当一所学校把"扬名立万"定在第一位，却忘记了学生的成长，势必陷入苍白和庸俗，面目可憎。这时候的学校，即使再美，也无非一朵塑料之花，颜色可以很鲜艳，却永远无法沁人心脾。身在其中的人，又如何获得灵动与鲜活的滋养？不过被奴役和驱使罢了。真正的学校，它的伟大就在于始终将每一个学生、每一个老师的生命成长放在首位，它敬畏着生命成长的规律，顺应着人的天性和潜能，它成就着身在校园中的每个人，并通过越来越多的人的幸福，而有了它的世俗之名。每个教育者，都该拍着胸脯问一问，孩子在我们的校园里，还能天真地、开阔地、舒展地、安全地长大吗？我想，这该是教育者对教育良知的终极追问。

相比工业文明时期，学校文化生态正在发生根本性的改变，不再片面强调"多"与"快"的竞争以及产品标准化，而是突出学校之间的多样性，突出学校内部的课程生态、教学生态、管理生态、评价生态，以及"课程—教学—管理—评价"之间的链条互联关系。避免"千校一面"、同构性恶性竞争、贴标签式的"特色学校"以及学校与社区相互隔离等现象，修补三级课程之间的协调与衔接问题，创造师生自我管理、社会参与管理、行政管理等几个方面的协作局面，以及建立师生自评与互评、家长与社会评价、第三方评价等多元评价机制，等等，都是致力于营造学校内部的生态教育环境，从而培养出大写的人。

教育是慢的艺术，无论对一个人的成长，还是对一所学校的发展，拔苗助长，换来的要么是呜呼哀哉，要么是长成怪胎。教育最重要的是"爱"，是善意和悲悯，是对生命的敏感和尊重。当我们走进一所学校，只需看一点，就能判断出它的品质和未来：这所学校属于个体生命的特有的标签越多，就越有味道，越有魅力。痴迷于人的成长，帮助学生学会选择，这才称得上"有人味儿"的学校，才会绽放自由而灵动的梦想。

如果我们把办学校简单理解成盖高楼，把教育片面解释为管束，那么这种无根的教育必将迅速衰微。所以，今天的教育所面临的最大挑战不是技术，不是资源，而是教育者的理念。

生态构建从改变人的形象做起

在谈到学校变革时，我听到最多的论调是：一个人的力量如沧海一粟，能够有多大作用呢？这样的观点很容易被人认同，因为教育作为一个庞大的体系，各种要素错综复杂，顽固的政策和认知定式造成的巨大惯性，推动它沿着既定的轨道向前狂奔，积重难返，想要改变它的方向的确不容易。

但我们并不能因此就毫无作为。

托尼·瓦格纳在《为孩子重塑教育》一书中写道：

从本质上讲，教育是本地化的。一个人如果对教育变革充满激情，就能让一个孩子、一个班级、一个年级，甚至一所学校发生改变。本地的变化能成为全国性运动的火种，我们每一个人都能成为21世纪教育浪潮中的一股力量。

当然，我们必须做好面对困难的充足准备。一所优质的学校总是能够营造和谐的学校生态，并以学校生态的"活力性"来为学生成长提供充足的营养。这里面有个常识，构成学校生态最重要的因素不是政策、机制、法规，而是人，人本身就是最重要的生态。一所学校的文化生态，就是由学校中人的微小系统汇聚而成。良好文化生态形成的难点之一，便是学校中的相关人群需要在教育目标上达成一致意见，并遵循学校发展需要塑造自身形象。这显然不是简简单单地写几篇文章或者发表几次演讲就能做到的,首先要尝试对学校中的不同人群进行描摹,在对其外在形象和内在气质予以界定的过程中,逐渐固化一所学校的文化特质。这个过程中,不同人群间反反复复的对话,是必不可少的手段。

与学校相关的人群极其复杂,但教师、学生和家长这三个群体是构成学校生态的"主力军"。在学校实践中,我曾经尝试用文字为三个群体"画像"。

一、教师形象:温暖公正,专业有趣,向深行走

温暖——回到"人"的层面,把自己当人,也把对面的人当人,站在那里,就是暖暖的春,柔柔的爱。

公正——散发着平等正义的气息,不苟且,不媚俗,这是教育者的良知和教师专业化的体现。

专业——教师职业生命的脊梁,终身学习让人涌动着清新的生命气息,最终成为一个能量密度较大的人。

有趣——意味着热爱、好奇、探索与追寻,这多姿多彩的生命样貌,是生命历久弥新的源泉。

温暖公正、专业有趣的教师,其生命能渗透到辽远的空间,能真诚地传达温暖的爱意,能清晰地表明人与人平等尊重的信念,这是生命内在的美与光明。向深行走,一束静静的但持久的光正照亮着自己与他人。

二、学生形象:文明大气,自立乐学,向上生长

文明——纯净的心灵、干净的眼神与得体的行为。

大气——从容的言谈举止,纳百川于脉、容天地于怀的气质与状态,辽阔、不凡的格局、心胸与境界。

自立——独立积极的精神状态,向着阳光执著生长的生命样貌,脚踏实地坚定执著的行动。

乐学——生命自主构建、拓展认知边界的主动行为,它蕴藏于生命

本身。好奇、探索、求实是生命自然而昂扬的生长状态。

文明大气、自立乐学的学生，有自信，懂自尊，包容接纳，性格阳光，敬畏、尊重生命，向着光，成为光，向上生长。

三、家长形象：平和守信，尽责自律，向内修炼

平和——头脑理性，内心安宁，言行如玉，于温润质朴中熠熠生辉。

守信——言行一致，不失信于人是做人的根基，也是对生命最好的影响。

尽责——对个人、家庭及社会应承担的职责不回避、不推诿，坦荡，正直，给人安全感。

自律——明晰内心的自我需求与追求，并有能力与毅力达成。

平和守信、尽责自律的家长目光如水，表里如一，拥有一种自然和谐的光辉，孕育温润宁静、有自我要求、向上生长的生命，散发出和煦、体贴、细腻、和善的生命光芒，这一切都指向家长的向内修炼。

树立不同角色的形象，让"人"成为校园里行走的风景，最终目的是改变人的思维方式，在学校里形成和谐一致的价值观，以人与人之间的协调、契合，奠定共融共育的文化生态。

对教师而言，要重新定义师德：建立"目中有人"的思维，唤醒和正视人的存在。不把自己当作高高在上的"权威"，而是"平等中的首席"。要具备积极的思维能力，正面或负面的事，都要当作自己眼中积极的教育资源。把学生的千差万别当作美丽世界的缤纷色彩，把同事的个性差异当作自身人格完善、健康成长的土壤。对外的形象是温暖的，宽容的，悦纳学生，悦纳同事，悦纳自己，让自己成为生生不息的光源。

对学生而言，要重新定义成长：不甘心情愿做一台课本的"复读机"，不试图与"百度"竞争知识的丰富性，能够从被动机械的学习泥潭中透一口气，葆有对事物的兴趣和热情，清楚未来社会一个公民的责任，能够利用所学的知识真正构建自己未来生活的基础。对外的形象是

阳光的，坚韧的，有着无穷的内在动力，呈现出茁壮成长的态势。

对家长而言，要重新定义责任：理性处理孩子生活中的种种矛盾，不焦虑，不偏执。深晓父母之爱的含义，多看到孩子积极的一面，善于鼓励肯定，放手让孩子去体验和成长，能够接纳孩子的平凡，发现孩子的天赋。对外的形象是平和的、智慧的，严于律己，以修炼自己的方式来成就孩子。

为什么要给学校中不同的人"定位"？教育要促成自然人到社会人的转变，给学生打上"真善美"的心灵标志，最根本的路径是"人"的传递，是"生命影响生命"。塑造学校中不同的人的形象特质，实际是渴望形成一所学校共有的核心价值体系，在一群人性格各异、经历不同的基础上，逐步内化生成一所学校的相同"基因"——基本价值观所带来的想事、做事的思维方式和行为习惯。这样，走在校园里，每个人一举一动都能散发出教育的"属性"和"魅力"，从而影响和浸染着校园中的每一个人。

而一群人相同的思维方式和行为习惯，就是文化，就是一所学校鲜明的教育生态。

"我"是即将到来的日子

小说《约翰·克利斯朵夫》的结尾，圣者克利斯朵夫背着孩子过河，他说："咱们到了！唉，你多重啊！孩子，你究竟是谁呢？"背上的孩子回答："我是即将到来的日子。"

本书即将完成的时候，正值北方的春天，乍暖还寒，桃李争芳，田野里的麦苗正在返青。我在华北平原上一个安静的小村庄，用心写下的文字轻轻打在刚刚长出的叶子上，微风吹过，一切都在生长，生命收获了新的舒展……

"我"是即将到来的日子，未来的世界将由无数个即将到来的"我"

所构成。"我"怎样，世界便会怎样。一个真实、自然、生机勃勃的世界需要这样的"我"：有缺陷，也有美德；有自我，也有大我；立己，也达人；立足传统，也面向未来；接纳自己，更包容他人；追求效益，更追求意义；建构自己，更建设环境。

去哪里寻找这样的"我"？作为生命成长与精神养育"一方池塘"的校园，怎样才能培育出更多的这样的"我"？我试图在这样一本书中，抛开各种艰深复杂的学术定义，回到常识，回到教育之为教育的基本道理，表达自己信奉的教育追求：建设"充满敬畏的校园"。"敬畏"是学校价值观的底层逻辑，构成学校生态系统的根系，有了这样的根系，才能长出"正直、善良、诚信、民主、公正、积极"的主干与枝条，才会适宜生命的成长，能够与未来社会共生的"我"才会出现，这正是本书表达的要义。

敬畏是人们对待事物的一种态度，因心怀崇敬而谨慎自觉。它源于人对自身渺小的认知，源于对自然、规律、道德秩序的尊重，源于对世界进步的相信。真正的敬畏，是从人心里长出来的，自然、端庄、朴素、诚实。有了这样的敬畏，平和、理性才能到场，人才会有所为，有所不为，教育的形态才会适合"人"的度；有了这样的敬畏，真诚、善良才能到场，空气中才会弥漫着"人"的气息，教育的环境才会和善、开放，"人"会自有其位，人与人之间自有"通道"；有了这样的敬畏，自知与自律才能到场，教育者的身姿才会柔韧坚定，才能像"水"一样，顺应人的天性与禀赋去发现与塑造，逢山开路，遇水搭桥；有了这样的敬畏，敏锐与洞察才能到场，教育智慧才能萌发，教育才会进入到"无我"的境界，在"无为"中"无所不为"。

校园中，最直接的敬畏方式就是，以敬畏之心修己，以敬畏之心安人。当心怀敬畏成为人心之道，人就会尊重规律与常识，尊重历史与现实，尊重自己与他人，自然、节律、自主、生长、环境建设这些词会慢慢地在人的心中生长，成为人的心性。

如果说敬畏是一所学校的文化之根，尊重就是其主干。尊重不是一个概念，甚至不是我们的终极目的，尊重是价值取向、是过程、是工具、是通道，孩子健康的人格与身心才是金玉其内的内容。尊重的本质是做事端庄，持重，有一股子"拿事儿当事儿"的认真劲儿。上个世纪八十年代英国铁娘子撒切尔夫人执政时，面对各种阻力与压力，曾说过一句话："你可以不喜欢我，但你必须尊重我。"她的经历告诉我们，一个人只有做了你该做的事，坚定地做执著地做，你的决心才会被看到，外界的支持与环境的改善才会到来，这是一种通过让自己变得更好，进而让周边的环境变得更好的过程，这是尊重的力量。

我要用全部的身心在校园里推广尊重的文化。我要尊重每个人的言谈举止，我要尊重每个个体本身的差异，我要用尊重摧毁人们心灵深处困惑与怨恨的高墙，铺就生命之间自由来往的康庄大道。尊重不仅是一种态度，更是一种行动力。学校要形成尊重文化，仅靠热情的态度、善良的本意、内心升腾的道德感还不够，还需要学习与行动，科学的态度与方法，笃信后的一言一行。基于"人"的一切尊重始于自尊，唯有高自尊的人格才能对人对己在正视与接纳的同时，不逃避责任，主动建设。打造尊重文化，从尊重每一个人开始，从人的自尊开始，世界上没有什么捷径通往尊重，尊重本身就是道路。

一所学校，当敬畏之根坚定，当尊重之干端庄，"人"在校园会自然地出现：在操场上，在课堂中；在一个人独处时，在熙熙攘攘的人群里；在一个个发问迟疑的瞬间，也在一个个释然果敢的片刻。真实的生命以万千样貌呈现着不同的人生故事，学校的文化与历史就这样由一个个普通的生命与故事书写着，文化育人，人也以最真诚的面目丰厚充盈着学校的文化。文化与人，浑然难分，像水溶于水中。

写下这些文字的时候，我正经历着一个从亲历者到思考者、体验者，又回到亲历者的过程。鲜活的校园生活从我的内心漫过，我和教育，和当下，和过去以及未来的自己发生了千丝万缕的联系，我的毛孔被打开，心里沉睡的东西一一醒来。读懂学校，认识教育，为师生赋能，终归是在认识"人"、认识自己。人是生活的主体，人是教育的目的，教育因人而存在，生活因人而充满意义。

当下的我们，该向何处？未来的学校，又在哪里？

窗外，春色嫣然。我慢慢地写下每一个文字，它们诞生的瞬间，校园中那些生动具体的"人"一一浮现，每一个他们构成了当下的"我"，像草木一样见证着教育的四季，也成为了教育的四季，与这个时代难分须臾，荣辱与共；又似屋檐飘雨，小径风霜，顺着各自的命运漂流，寻找着生命的意义。或许我们并不能在这个时代"呼风唤雨"，但我们日雕月琢的每一个细小的动作，终将成为一股清泉，汇入时代教育的洪流。我们不敢轻慢，更不敢懈怠，唯有在教育悄悄地生长中，找寻深藏其中的"我"与生命的力量。我感觉到了自己的呼吸，感觉到气息一点点入心，搅动了什么，又慢慢地合上。

于是，在这个美好的春天，这些文字最终出现在我的脑海。

"我"是即将到来的日子，《为师生赋能：魅力校园的构建智慧》要呈现给大家的也是"即将到来的日子"。在我走过的每一个城市，我们正在致力于建设一所所这样的学校。

我们的学校将从"单一的细胞组织"走向"多功能的细胞集群"，最终走向功能完整的"生态系统"。这样的生态系统意味着连接，与时代连接、与技术连接、与社区连接、与散落于各种时空的知识连接，最终与人连接，实现"教联网时代"的战略生态布局。这样的生态系统意味着平衡与生长，意味着教育要有所"节制"，意味着教育人将在融入人与时间这两个维度的教育中大有作为；这样的生态系统意味着节奏与规律，意味着教育要顺应"人"的天性，守候其本性，影响其习性；这样的生态系统意味着学校要成为一个地区的首善之地，其文化价值、生活方式和集体人格，呈现厚道、有规矩、有灵魂的品质；这样的生态系统意味着每一个与教育有关的人，坚持向内看，改善自己，成为一束温暖的光……这些既是思维方式，也是工作方法。我们将围绕人身心发育的层次与需求、空间设计与技术平台的打造、课程内容与学习方式的重构进行建设。学校将通过提供个性、联结、跨学科的课程及学生自主、深度、无边界的学习方式让"学习"真实发生。学以成"人"的方向从未像现在这样坚定且明亮,我相信,一个个身心完整、和谐发展的"我"将在这一方小小的校园里卓然而立。因为,每一个"我"都是即将到来的日子。

倒春寒的逼仄,阻挡不了五彩缤纷的花海的诞生。未来的路或许并不平坦,但我们的"寻人之旅"已经启程,我们的足迹终将遍布大江南北……